丛书编委会

大家精要

弗洛姆

宋奇 著

陕西师范大学出版总社

图书代号 SK16N1474

图书在版编目（CIP）数据

弗洛姆/宋奇著. —西安：陕西师范大学出版总社
有限公司，2017.5（2024.1重印）
（大家精要）
ISBN 978－7－5613－7670－6

Ⅰ.①弗… Ⅱ.①宋… Ⅲ.①弗洛姆（Fromm,
Erich 1900—1980）—传记 Ⅳ.①B712.59

中国版本图书馆CIP数据核字（2016）第320864号

弗洛姆　　FULUOMU

宋　奇　著

责任编辑	陈柳冬雪	
责任校对	郑若萍	
封面设计	张潇伊	
出版发行	陕西师范大学出版总社	
	（西安市长安南路199号　邮编710062）	
网　　址	http://www.snupg.com	
印　　制	永清县晔盛亚胶印有限公司	
开　　本	650 mm×930 mm　1/16	
印　　张	10	
字　　数	100千	
版　　次	2017年5月第1版	
印　　次	2024年1月第2次印刷	
书　　号	ISBN 978－7－5613－7670－6	
定　　价	45.00元	

读者购书、书店添货或发现印刷装订问题，请与本公司销售部联系、调换。
电话：（029）85303879　　传真：（029）85307864　　85303629

目　录

第 1 章

孤独的成长经历
打下了人本主义的思想烙印

埃里希·弗洛姆（Erich Fromm，1900～1980）的人本主义心理学之所以有独到的魅力，是因为他有非正统的、极其鲜明的、不落俗套的观点。这在一般学者中是罕见的，他的思想总是新鲜而充满活力。他拂去时间尘埃，开拓新的生命之路；他抛弃教条，不断创新理论；他为了寻求真理，也不断修正自己的观点。恰恰是弗洛姆朴实无华的风格，追求真理的毅力，使得他的朋友和敌人、他的支持者和反对者，都不能忽视他的观点。作为世界心理学大师，弗洛姆是在怎样的社会环境里成长起来的呢？

一、孤独的创造者

1. 忧郁与幻想：童年的孤独身影

法国历史学家、社会学家托克维尔在《论美国的民主》中说，要仔细观察一个人"在成年才冒出的恶习和德行"，必须"追溯他的过去，应当考察他在母亲怀抱中的婴儿时期，应当观察外界投在他还不明亮的心智镜子上的初影，应当考虑他最初目击的事物，应当听一听唤醒他启动沉睡的思维能力的最初话语，最后，还应当看一看显示他顽强性的最初奋斗……可以说，人的一切始于他躺在摇篮的襁褓之时"。按照精神分析的理论，一个成年人的性格特征、人格结构都可以从他的童年、少年，从他的成长过程中找到原因；决定一个人一生的价值观念、思维方式和命运的要素往往就隐藏在他成长过程的事件里。这些事件的抽象形式，或者说其中所折射出的精神已内化入他的无意识结构中，并对他进行支配。他之所以对马克思的学说和精神分析产生兴趣并保持终生，正是溯起于他小时所经历的一些事件以及所置身的环境。

埃里希·弗洛姆于 1900 年 3 月 23 日出生在德国美因河畔的法兰克福。美因河是著名的莱茵河的支流，它流经法兰克福后就很快与莱茵河汇合了，所以法兰克福处于非常重要而又得天独厚的地理位置上。12 世纪以来，法兰克福就经常是国王就职之地。1562 年后，法兰克福大教堂曾经是皇帝加冕场所。1815 年后，法兰克福曾经是德意志联邦议会所在地。总之，法兰克福是德国重要的政治、经济、文化中心之一。

弗洛姆的父母都是犹太人，信奉犹太教。父亲名叫纳福特里·弗洛姆，是一位酒商，渴望犹太教士的生活，思想保守，性情急躁、喜怒无常，对待儿子疏远冷淡。母亲卢莎·弗洛姆常常情绪低落、郁郁寡欢，却非常溺爱儿子。这是一个非常正统的犹太人家庭，浓浓的宗教气息弥漫在弗洛姆天真烂漫的童年中。可以说，弗洛姆开始所接受的最完整的教育便是《旧约全书》里的一系列故事。在他那令人难忘的孩童时光里，《旧约全书》给了他巨大的影响，书里讲的世界和平、人间之爱、各种各样的动物和谐相处给他留下了深刻的印象，并使其逐渐形成了支配他一生的"救世"情结。这是一个中世纪的世界，一个与资本主义的现实格格不入的世界。一个孤独的孩子在父亲因经商而在宗教面前羞愧中领悟到：只为赚钱而活的人生是残缺的。这种宗教观念是中世纪精神的一种残存，以它来评判当时早已在高歌猛进中改变了世界图景的资本主义，得出的结论在价值上必然是否定的。弗洛姆的父亲希望儿子长大成为一个学者或犹太教士，母亲则希望儿子能够成为一名钢琴家或作曲家。弗洛姆使他们失望，在这样的家庭环境中长大的弗洛姆，从小就养成了孤僻的性格。

弗洛姆在逝世前不久接受记者采访时说："我生活在一个充满着犹太人传统的世界里，这个世界说到底是一个中世纪的世界，还不是资产阶级的世界。就是在这样一个中世纪的世界中，我形成了自己的传统，有了自己的理想和崇拜的对象。我所生活过的那个世界，一半是古老的，因为它具有真正的犹太人传统；一半是现代的，因为我在德国上的学、在法兰克福读书，因而我又具有当时的每一个德国人所具有的东西，但是我仍然很孤独。这并不仅仅是犹太人在德国总是被人另眼看待的缘故。无论是在我自己生活的天地里还是在那个传统的古老的世界里，我都感觉到不自在。"

童年的弗洛姆之所以会感到孤独，还有一些重要的原因。他是一个独生子，三口之家的家庭结构，在当时社会是很少的。他的父亲性情急躁、喜怒无常。他的母亲患有抑郁症，常常情绪低落、郁郁寡欢。弗洛姆出生时，他父母年龄已较大了，正在盼子心切之时，弗洛姆诞生了，以后再也没有生养。在这样家庭环境长大的弗洛姆是一个神经质的男孩儿，对事物过分敏感，十分孤独。他的孤独感还与他的父亲是一个商人有关。他后来回忆说："我父亲是一位商人，我对此甚感惭愧。因为他总想成为一个名副其实的犹太教徒。当我年纪还小的时候，如果我听到有人说'我是商人'，那么我就很替他害羞，因为我想他自己一定也很惭愧，因为他只知道为赚钱而活着。这是一种中世纪的观念，这种观念与现在的观念是极为不同的。于是，我就变成了一个很孤独的孩子。我一直期待着什么东西能把我从这种孤独中拯救出来。"也正是弗洛姆的这种孤僻性格和他对人类心理的好奇心，使他日后对研究和解剖人性产生了浓厚的兴趣，并渴望生活在一个充满爱、健全的社会里。因为人总是想追求自己所没有的，总是认为那个世界更精彩。

弗洛姆上小学时就聪明过人，而且也非常勤奋。上中学时，他语言能力很强，英文、法文、拉丁文都学得很好。在这一点上，他与弗洛伊德有非常相似的经历。在弗洛姆的童年时代，《旧约全书》里的故事就给他留下了深刻的印象。他说，这些故事"叩响了我的心弦，它比我所接触到的任何事物都更使我激动"。他期望救世主时代的到来，相信救世主将会带来一个更美好的世界。他幻想着天下太平、幻想着狮子和羊羔和平相处。他说，传统的犹太人都抱着这种愿望，而且很强烈。这种愿望是一种信念，即相信世界不会以灾难而告终，世界将会得到拯救，将会变得比今天更美好，先知们就是这样预言的。

弗洛姆就这样孤独地、对未来充满希望地幻想着，这些宗教性的幻想深深扎根于弗洛姆幼小的心灵，而且对他一生的学术生涯都产生了深刻的影响。那些宗教的美丽传说像一个幽灵，在弗洛姆的所有著作中时隐时现。这种幻想也为儿时的弗洛姆提供了安慰和精神支柱。他说："在那样谨小慎微的父母身边我没有发疯，这就要感谢上帝和归功于其他方面对我的影响了。"

在《旧约》故事中，引起弗洛姆崇敬和赞同的是这样一些故事：亚当和夏娃不服从上帝而偷吃禁果，亚伯拉罕恳求上帝解救罪恶之地的居民们，等等。那些预言家的预言深深地感动了弗洛姆。到那个时候，各族人民"将把剑铸成犁头，把矛铸成枝钩刀，而不再大动干戈，相互残杀，更不会再发动任何战争"；到那个时候，四海之内皆兄弟，"大地到处都充满了上帝的智慧，就像大海装满了圣水一样"。弗洛姆说："各民族之间普遍友好地和平共处的图景，深深地打动了我这个十二三岁少年的心。"

2. 困惑与迷茫：青年的热血流向何方

在弗洛姆已风烛残年的岁月里，他仍然难以忘记那些在小时候读过的预言家如以赛亚、阿摩司、何西阿的著作。这些著作他一生都在阅读。正是这些先知关于各族人民"将把剑铸成犁头，把矛铸成枝钩刀，而不再大动干戈，相互残杀，更不会再发动任何战争"，以及"大地到处都充满了上帝的智慧，就像大海装满了圣水一样"地友好相处的美好图景的描绘深深地打动了他，一次一次地在他的心口呢喃。对于一个十二三岁、孤独敏感的孩子来说，再也没有比憧憬这样的美好未来更令人激动的了。这些憧憬、想象一次次弥漫在他孤枕难眠的黑暗之中。而作为一个在基督教环境中长大的犹太人的儿子，他耳闻目睹了一些小规模的反犹事件。他发现宗派、种族、派系的划分产生了陌生、隔阂，甚至仇恨。这使他极端厌恶。他发现，恼人的孤独感的发生和人与人之间的这种敌意有着千丝万缕的联系，而人若久困于孤独，则无异于陷身地狱之中。因此，他渴望推倒这种宗派小集团的"墙"，渴望一种普遍和平及兄弟般的情谊。这就是他对国际主义、和平主义产生兴趣的直接原因。

后来当他接触到马克思主义理论时，立刻便被马克思关于自由人的联合体的论述和描绘所吸引。这个"自由人的联合体"更是国际主义、和平主义的逻辑延伸，是基于具有普遍合理性的人道主义。到那时，人不仅将终结统治的功能所铸下的社会罪恶，而且将终结异化状态，获得解放，在符合人的存在尊严的意义上开始"真正的人的历史"。这是一个比宗教先知们所描述的大同世界更为可信的世界。因为它诉诸理性，诉诸扎扎实实的社会分析和批判，而不仅仅依靠愿望和空想。尽管实际上，这个世界只是一种可能性而存在于无限遥远的将来。

12岁时，有一件事终于对他以后一生从事精神分析事业产生了决定性的影响。那时候，弗洛姆家有一位朋友。这位朋友是个年轻漂亮的女子，既有女性特有的高贵气质，而且还是个画家，才貌双全。这位女子曾经订过婚，可不久就解除了婚约。她几乎一直陪伴着她那其貌不扬、毫无魅力且令人厌恶的父亲。可能也正是她想一直留在她父亲身边陪伴才立志不嫁。这位女子的这些作为可谓是大胆而引人注目的行为，可是当时却并没有引起他人的注意，更谈不上有谁会产生兴趣去进行分析。然而不久以后令人震惊的事情发生了。这位女子的父亲死了，而她也跟着自杀了，并且留下遗嘱，希望能跟她的父亲合葬在一起。这件事对弗洛姆的影响实在是太大了。他当时既未听说过恋母情结，也从未听说这与恋母情结性质相同的女儿与父亲之间的乱伦固恋。然而，他急切地想知道发生的这一切的原因。多年以后他仍激动地回忆："一位年轻漂亮的姑娘怎么可能爱恋着她的父亲，以至她宁愿和她的父亲合葬在一起，也不愿意活着享受人生和绘画的欢乐呢？"在十年后，也即在他22岁时，接触到弗洛伊德的精神分析学说后，他马上找到了困扰了他十年的那个问题的答案。精神分析的博大精深、对千奇百怪的人类行为的令人信服的解释让他激动不已。而精神分析对人类行为的表象背后动机的深刻洞见、对精神疾病的成功治疗，使他对精神分析具有了无穷的信心。他突然发现，自己的经历和兴趣与精神分析具有了一种缘分。也许他注定就要成为一个精神分析学家。

1914年夏天，弗洛姆14岁，正在上中学。第一次世界大战爆发了。他十分震惊地发现，由于宣传的煽动，德国人陷入一种歇斯底里的狂热放纵中，最让他钦佩的一位老师转眼间就成了杀人狂。弗洛姆的许多亲友死在战壕里，这极大地扰乱了弗洛姆的思路。他不明白，为什么突然之间正派和通情达理的人全都变成了疯子？！他从自己的亲身经历中产生了许多疑问，战争使他感到疑惑和苦恼，促使他思考人类行为的根源，促使他走上了探索人性与社会生活的规律性的道路。这种探索使他后来接受马克思的学说，并成长为一位研究现代人与现代社会的思想家。马克思的理论使弗洛姆豁然开朗，他看到，在弗洛伊德与马克思的体系中，弗洛伊德着重从个人角度分析非理性行为，而马克思则从社会制度的角度研究非理性行为，把他们两个人的观点结合起来，就可以找到人类行为的根源。这个结论使弗洛姆异常兴奋。从此，他的兴趣便明确了。"我要认识支配个人生活的规律和社会的规律，也就是人在其社会生存中的规律。"他说，如果第一次世界大战不发生的话，以上所说的童年和少年时代的经历也就不会那样深刻、持久地影响他；"正是第一次世界大战，而不是别的任何事件决定了我的成长道路"。

在战争爆发的前两年，弗洛姆的一位拉丁文老师曾在课堂上说过，他最喜欢的格言是："如果你希望和平，你就应该准备战争。"当战争爆发的时候，这位老师显得格外高兴。弗洛姆心想，他并不是真心实意地主张和平的。一个似乎一向真诚地关心维持和平的人怎么可能一遇到战争就如此欣喜若狂呢？从那以后，弗洛姆就怀疑"备战能维持和平"这一论断，认为这是一个虚假的口号。

在那炮火纷飞的日子里，德国人对英国人的仇恨情绪也使弗洛姆感到震惊，整个德国都在疯狂地仇恨英国。在德国人眼里，英国人都成了廉价的雇佣兵，他们既残酷又无耻，企图杀害我们无辜的、忠实可靠的德国英雄。就在当时德国举国上下歇斯底里大发作的时候，是弗洛姆的一位英语老师的一句话，促使他开始冷静地思考。那年暑假前夕，这位老师给弗洛姆他们布置的暑假作业是背熟英国国歌。开学后，一些男同学就对那位老师说，他们拒绝学习现在已成了他们头号敌人的国家的国歌。这种拒绝一方面是出于学生调皮捣蛋；另一方面是受了"仇恨英国"论调的影响。但那位老师站在教室前面，冷笑一声，用平静的口吻回答："别自欺欺人了，英国永远不会打败仗的！"这是在疯狂的仇恨中，一个理性健全的、现实的人所发出的声音，这是一位令人尊敬和钦佩的老师的声音。老师所说的话以及他那种心平气和、合情合理的说话方式使弗洛姆深受启发。这一切与疯狂的仇恨和民族自豪感形成了鲜明对照，使弗洛姆感到惊异，并使他陷入了沉思之中。以至于在五十年之后，弗洛姆谈及此事时仍然感到历历在目、记忆犹新。

随着年龄的增长，弗洛姆的疑问越来越多。他的一些叔叔、表兄、老同学在战争中先后阵亡了。那些将军关于胜利的预言结果被证明是错误的。弗洛姆认识到，所谓"战略撤退"和"胜利防御"只不过是一些模棱两可的欺人之谈罢了。德国新闻界一开始就把这次战争说成是邻国强加给德国人民的，因为这些邻国忌妒德国并想压制德国，以便达到消灭一个成功的竞争者的目的。同时，这场战争在德国一直被说成是一场争取自由的战争。当时，这一切似乎是令人信服的，因为没有人持反对意见。但弗洛姆逐渐怀疑起这些说法了。弗洛姆看到，越来越多的社会主义者在德国国会投票反对战争预算，批评德国政府的立场。当时在民间秘密传阅着一本名为《我控诉》的小册子，它主要是从同盟国的立场出发探讨了战争罪行问题。它指出，帝国政府绝不是这次战争的无辜牺牲品，它同奥匈政府一样应对这次战争负主要责任。

晚年弗洛姆不断回忆当时的情景：战争在继续着。战线从瑞士边境向北延伸到了波罗的海。士兵们不时被困在战壕里和防空洞里，不时又要冒着敌人猛烈进攻的炮火，一次又一次地试图突围，但一次又一次地遭到失败。年复一年，各国健壮的士兵，就像笼中的动物那样活着；他们用步枪、手榴弹、机关枪和刺刀互相残杀。就在这场大屠杀继续进行的时候，那些国家的领导人却假惺惺地保证用最快的速度赢得战争的胜利，声明自己是清白无辜的，并装腔作势地反对穷凶极恶的敌人，主张和平，宣布和平的条件。

1918年战争结束时，已步入青年时代的弗洛姆却陷入一个重重困惑之中，越来越迫切地寻求着这个问题的答案："这一切何以可能呢？"千百万人怎么可能继续在战壕里，或被人杀害，或去杀害其他国家的无辜的人民，从而造成父母、妻子、朋友们的极大痛苦呢？他们究竟是为什么而战？当每一个人都说，他不希望战争的时候，战争又怎么可能发生呢？如果双方都宣称不希望征服别国，只希望维护自己国家的财产和领土完整，那么战争又怎么可能继续下去呢？如果双方都想征服别人，为自己的政治军事领袖赢得荣誉，那么，成千上万的人又怎么可能仅仅为了双方的某些领土、为了某些领导人的虚荣心而献出自己的生命呢？战争究竟是一场无情的意外事故的结果，还是社会发展的一种结果？怎样才能掌握社会的规律？

3. 苦恼与梦想：探索真理的大学生活

第一次世界大战给弗洛姆的生活经历留下了深深的印记，这一切都使他感到不可思议：他不明白战争是怎样发生的，他不明白"为什么正派和通情达理的人们突然全都变成了疯子"，他希望理解大众行为中那些非理性的因素，他热切地希望和平和国际的友好往来。同时，他也越来越怀疑一切官方的意识形态，并逐渐产生了"怀疑一切"的信念。他开始隐隐约约地察觉到，人的情绪和行为是由巨大的社会经济、政治和文化力量作用的结果。至于第二次世界大战，则更深刻地影响了弗洛姆。他被迫流亡美国，并在1941年出版了主要研究纳粹主义的心理学问题的《逃避自由》一书。弗洛姆后来的几乎所有著述都是这本书的基本问题和思想的展开。弗洛姆在以后的著作中经常讨论战争问题并谴责军备竞赛，经常批判地剖析希特勒的病态人格。

1918 年，弗洛姆在德国的一所著名的中学毕业后，进入法兰克福大学攻读法律。一年后，他调换了学校和专业，来到海德堡大学学习社会学、心理学及哲学。在大学里，他深受弗洛伊德和马克思的著作影响。除了弗洛伊德和马克思，他还研究了最主要的经济、社会和政治理论家的著作，特别是马克斯·韦伯和斯宾塞的著作。1922 年弗洛姆从海德堡大学获哲学博士学位。他的博士论文是《犹太人的守则——论散居在外的犹太人的社会学》。次年至慕尼黑大学专攻精神分析学。

弗洛姆之所以对马克思和弗洛伊德的学说以及二者之间的关系发生兴趣，主要与他的一些个人经历有关。作为一个独生子，父母性格的怪僻使他常常感到孤独，并对奇特神秘的人类行为产生的原因发生了兴趣。他少年时代很喜欢的那位年轻女画家的自杀，是使他后来接受弗洛伊德学说的一个重要原因。真正决定他的成长道路的事件是第一次世界大战，他对战争的疑问越来越多，他希望理解那些在战争中充分表现出来的大众行为中的非理性因素，探索支配个人生活的规律和社会规律，当时有许多社会主义者在国会投票反对战争预算，批评德国政府的官方立场。这一切促使弗洛姆接近马克思主义，他感到可以在马克思的理论和弗洛伊德的学说中找到解决问题的答案。

由于对弗洛伊德学说的兴趣，1923 年，弗洛姆又到慕尼黑大学专门学习精神分析。随后，他又到著名的柏林精神分析研究所接受精神分析的正规教育，包括理论的和临床的两大方面。他是一个循规蹈矩的学生，在学习期间是一个地道的弗洛伊德主义者，所以能在非常正统的柏林精神分析研究所获得学位。该研究所传统的形成与弗洛伊德的著名弟子卡尔·亚伯拉罕的工作分不开。后来成为精神分析社会文化学派创始人的霍妮（1885~1952），就是于1914至1918年在此接受亚伯拉罕的指导的。霍妮于1918至1932年在该研究所任教。她比弗洛姆大15岁，彼此很熟悉，后来都成为精神分析社会文化学派的代表人物。1925年，弗洛姆加入了由弗洛伊德领导的国际精神分析学会。

在随后的几年里，弗洛姆撰写了一套普及读物，初步表述了他的人格理论。他把人格描绘成是在人的童年时期形成的，人类种族发展的社会力量是影响个体的决定性因素。弗洛姆写道："依据我们生活于其中的、社会的必然性，我们就成为不得不是的那个样子的人。"鉴于社会文化力量是如此之重要，那么为了理解这个社会个体的人格结构，就应该去分析这个社会的结构。文化是什么样子，个体也就是什么样子，不管人格是健康的，还是不健康的，都由文化所决定。

二、创立了人本主义的心理学体系

1. 早期的学术生涯：把弗洛伊德精神分析学说与马克思的社会科学理论相结合

1925至1927年，弗洛姆在正统的弗洛伊德主义者威廉·维滕贝格和卡尔·郎达尔的指导下，学习弗洛伊德的心理学和精神病学，这两位曾经接受过弗洛伊德的亲自教导。1927至1929年弗洛姆又到著名的柏林精神分析研究所接受正规训练，学习精神分析理论和临床实践，并成为一名地道的弗洛伊德主义者。在此期间，弗洛姆又与精神分析社会文化学派创始人卡伦·霍妮结识，并成为好朋友。当时，卡伦·霍妮在该研究所任教，后来两个人都成为精神分析社会文化学派的代表人物。完成系统训练以后，弗洛姆开设了私人诊所，从事专业精神病医生一职，开始了长达四十多年的精神病临床治疗工作。

弗洛姆说他早年的一些经历为他后来接受弗洛伊德和马克思的影响打下了基础，他所遇到的那些个人和社会问题使他感到棘手。他渴望得到答案。正是在弗洛伊德和马克思的理论体系中，他找到了答案。同时，这两种学说的不同之处也引起了他的注意，他极力将它们综合起来去解决他所思考的问题。随着年龄的增长和知识的增多，他也对这两种学说的某些论断提出了疑问，他自己的体系也就逐步形成了。他试图找出弗洛伊德学说与马克思的理论中那些仍然闪烁着真理光辉的思想和那些需要修正的论断。在这种工作基础上，他将二者综合起来，形成了自己的理论构架。但他强调，他的理论的形成不只是理论思维的结果，而是将经验观察与理论思维结合起来的结果。他是以观察到的事实作为其理论思维的基础的，并且根据观察到的新的事实修正自己的理论。他还批评了现代社会科学中只重视经验观察，不重视理论思维的倾向。他一方面继承了德国的理论思维的传统，另一方面继承了精神分析注重临床经验的传统，将它们结合起来去探索支配个人生活和社会变迁的规律。

弗洛姆把马克思的理论和弗洛伊德学说的共同基础概括为三句格言：怀疑一切；人所具有的我都具有；真理会使你获得自由。它们还有一个共同的特点就是，二者都是运用动力学和辩证的方法来研究现实的。应该指出，弗洛姆在创立他自己的理论过程中，是在寻找从马克思和弗洛伊德那里吸收的那些共同的东西，并把二者紧密联系在一起的。但从弗洛姆整个思想体系来看，正是后者构成弗洛姆全部学说的灵魂。

1926 年，他与弗瑞达·莱奇曼结婚，但这场婚姻仅维持了四年。1929 年，弗洛姆回到法兰克福，在法兰克福精神分析研究所任教并从事心理治疗，并且成为法兰克福大学社会研究所的成员。1930 年，他成为该研究所心理学研究室主任。在该研究所工作期间，弗洛姆尝试把弗洛伊德精神分析学说与马克思的社会科学相结合，他希望通过这种独特的结合来消除弗洛伊德理论的局限性。他要"站在弗洛伊德的肩膀上"来发展弗洛伊德精神分析学说。同年，他在弗洛伊德主办的《意象》(Image) 杂志上发表"关于基督教义的演变及宗教的社会——心理功能的精神分析"的长篇论文。他还受到法兰克福大学社会研究所负责人霍克海默尔的邀请，参加社会批判理论的研究，成为该学派杂志的主要撰稿人之一。

1930 年，弗洛姆写了一篇名为《基督的教义》的长篇论文，后来从德文译成英文并与其他有关论文合成一个集子。1963 年以那篇文章的篇名为书名的书在美国出版。在这篇早期论文中，弗洛姆通过对基督教中有关基督的教义的产生和发展历史的考察，指出宗教具有为群众提供虚假满足、为统治者提供控制社会的政治手段的社会功能。

20 世纪 30 年代初，弗洛姆应邀为法兰克福学派的核心刊物《社会研究杂志》撰稿，他写了一系列论文。在这些论文中，最为主要的内容是，他试图将精神分析与历史唯物主义结合起来，用以研究社会问题。这一期间的几篇重要论文后来被弗洛姆收入《精神分析的危机》文集中，该文集于 1969 年出版。

2. 教授和医生的生涯：形成人本主义思想体系

20 世纪 30 年代，弗洛姆还在德国的时候，就一边从事心理治疗，一边在大学任教，这两种工作伴随他度过了五十年的学术生涯。

1931 年，他从柏林精神分析学院毕业。1933 年应芝加哥精神分析学院的邀请赴美讲学。1934 年因政治环境恶劣他离开了德国，先去了瑞士的日内瓦，然后到了美国的哥伦比亚大学，并定居美国，在纽约开设私人诊所，从事心理治疗工作。1934年任教于哥伦比亚大学国际社会研究所，1940 年被该大学聘为教授。1941 年到佛蒙特州本宁顿大学任教，同时也在美国精神分析研究所任职。该研究所是于同年由霍妮创办的。霍妮因背离了弗洛伊德的路线，被纽约精神分析研究所开除，但她迅速创立了自己的机构，并且取名为"美国精神分析研究所"。该所创建时，弗洛姆就到那里任职，说明他是站在霍妮一边的。

1941 年，弗洛姆出版《逃避自由》一书。这本书使他一举成名，被人誉为运用精神分析于社会学研究领域的杰作。这本书一再重印，到 1961 年，就印了二十二次之多。当时，人们狂热追随法西斯主义，失去了理智。该书是弗洛姆为人们这一发狂行为所做的心理学研究的结果。可以看出，那时弗洛姆已经认识到现代社会中人们的自我迷失是一个严重的社会问题。从那时开始，他把心理学方法与研究社会问题相结合，这本书的出版标志着弗洛姆人学思想体系的第一个层次——"自我迷失"已经形成。而且因为严重的社会现实，迫使弗洛姆开始了其思想体系的第二层次的工作——"寻找自我"。弗洛姆在书中探讨了现代人的性格结构，以及人们逃避自由的心理机制。在这本书中，弗洛姆提出了一个著名的观点：古代社会安全而不自由，现代社会自由而不安全，所以现代社会的人要逃避自由。正是这种逃避自由的倾向构成了法西斯主义产生的社会心理基础。这些观点对整个西方理论界有着广泛而深远的影响。

1943 年，弗洛姆离开哥伦比亚后，帮助组建华盛顿精神病学学校纽约分校。1944 年，一位才华横溢的犹太裔美国人格伦成为弗洛姆的第二任妻子。她思想左倾，为了逃避纳粹的迫害而流亡美国，弗洛姆与格伦举行了他的第二次婚礼并成为美国公民。1945 年，弗洛姆到怀特精神医学研究所任职，该所创办人怀特是美国著名精神医学家。精神分析社会文化学派的另一代表人物沙利文（1892~1949）曾于 1922 年担任过怀特的助理，弗洛姆称怀特为恩师。他认为怀特的最大贡献是将心理疾病与社会生活的广泛领域联系在一起，弗洛姆也是朝这一方向努力的一位杰出人物。1947 年，弗洛姆出任怀特精神医学研究所所长，说明他在精神医学界获得了相当高的地位。

1947 年，弗洛姆的《为自己的人》（又译《寻找自我》）一书出版，他称该书为《逃避自由》的续篇。这本书的副标题是"对伦理的心理学研究"，它在性格研究的基础上提出了一套"人本主义的伦理学"观点。弗洛姆在序言中指出，他的实践经验使他坚信，无论在理论上还是在治疗上，对人格的研究都不能回避伦理问题或价值问题。人们是根据其价值判断来行动的，而且人的心理健康和幸福也有赖于价值判断的正确性。神经症本身是道德失败的一种症状，是道德冲突的特殊表现，它的治愈依赖于道德问题的解决。

1949 年，弗洛姆到耶鲁大学任教授。两年后，他到墨西哥国立大学医学院精神分析学系仁教授。1950 年，《精神分析与宗教》出版，弗洛姆将其视为《为自己的人》的续篇。所不同的是这本书着重研究的是宗教问题，而《为自己的人》一书着重研究的是伦理问题。显然，伦理与宗教是紧密联系的。他在书中提出，生活对于每个人都不是一件容易的事，在人的一生中要面临各种困境，这些困境使人痛苦，人必须去寻找答案。一个人如果不以解决他所面临的这些矛盾为目标，生活就会失去意义，就会无所适从。这是人们产生宗教需要的心理基础。宗教是人摆脱生存困境的一种努力，一种寻找答案的尝试。过去，人们遇到困惑就去找牧师。现在有了精神分析学家，有的人就去找牧师，有的人就去找精神分析学家。可见，精神分析与宗教之间有密切的关系。另外，精神分析的治疗也不能回避来访者的宗教体验；弗洛姆将宗教体验区分为权威主义宗教和人本主义宗教。前者是人放弃自我，将自己看得微不足道，服从、敬畏、崇拜那凌驾于自己之上又控制着自己命运的无形力量；而后者在人本主义的宗教体验中，上帝是人本身的力量的象征，而不是统治人的力量的象征，人感受到发挥出自己的爱和理性的潜能，并与他人和世界融为一体。很显然，弗洛姆提倡人本主义宗教。

1951 年，弗洛姆将自己在怀特精神医学研究所对接受训练的研究生所发表的演讲与在本宁顿大学对学生所发表的演讲中有关梦、童话和神话的内容汇集成一本书，叫作《被遗忘的语言》。弗洛姆认为，梦、童话和神话都是以象征性的语言来表达人的愿望和观念，然而这种语言被现代人遗忘了，但在潜意识领域，这种语言仍然发挥着作用，精神分析可以帮助人们理解它们的象征性含义。梦的分析是精神分析治疗的重要途径，弗洛伊德在 1900 年出版的《梦的解析》一书为此奠定了基础。后来荣格（1875~1961）将梦的分析与对神话的理解广泛地联系起来。弗洛姆将这一领域的研究又向前推进了一步，提出了自己的独到见解。

1953 年，他和爱丽丝·弗瑞曼结婚，这是弗洛姆的第三次婚姻。1957 年任美国密歇根州立大学教授。

1955 年，弗洛姆出版《健全的社会》一书，他将此书视为《逃避自由》和《为自己的人》的续集。确实，如果只想了解弗洛姆人本主义精神分析学说的基本体系并有选择地阅读他的著作，这三本书是最重要的。

在《健全的社会》这本书中，弗洛姆进一步分析了现代人的处境和精神危机，并且提出了一套社会改革的方案。弗洛姆指出："人学的任务便是对可以称之为'人性'的东西作出正确的描述。人们通常所说的'人性'，实际上只是人性的众多表现形式之一，而且常常是病态的表现形式。"通过现实生活而表现出来的"人性"制造出太多的假象，这些假象只有放在精神分析的法眼下才能露出原形。这时，一种建立在人本结构基础上的对人真正需要的界定便显得非常必需。弗洛姆由此提出了人的五种需要：联系的需要、超越的需要、寻根的需要、认同的需要、定向的需要。心理学家们似乎很热衷为人们提供一幅人类需要的阶梯图景。与此遥相呼应，美国心理学家马斯洛也提出了人的五种需要，由低到高分别是生理需要、安全需要、交往需要、尊重需要、自我实现需要。两相比较，确实有异曲同工之妙，而且两者都洞穿了支配"人"这架"机器"运转的需要的秘密。然而马斯洛侧重于从人的生理——心理结构上进行探究描述，而弗洛姆则从人的心理——本体结构上进行探秘寻幽。这更接近于一种人学的立场和更能看穿人的存在本体论结构所预示的人的命运。

1956 年，《爱的艺术》一书出版，这大概是弗洛姆著作中发行量最大的一本书。当这本书发行四十万册还供不应求时，当时联邦德国《明镜》周刊评论说："弗洛姆著作出版上的成功表明他的思想已经成为时代精神。"这本书在中国的发行量也十分惊人，有六种中译本。这六种译本的印数总计达 49.45 万册。这本书的畅销证明了弗洛姆抓住了现代人精神生活的一个重要方面，也证明了弗洛姆在书中所表达的观点：现代人类精神的缺失，缺少爱、渴望爱、又不知道如何爱。《健全的社会》和《爱的艺术》这两本书，在继续揭示自我迷失的现代人现状的同时，表明弗洛姆人学思想体系的第三层次——"拯救自我"的思想和理论开始成型。也可以这样说，这个时期，弗洛姆人伦思想体系已基本形成。

1960 年，《心理分析和禅宗》一书出版。该书是以弗洛姆与日本著名禅学大师铃木大拙及其弟子马蒂诺三人在墨西哥昆那维加举行的精神医学和心理学讨论会上所做的讲演为基础整理而成的。禅宗是在中国形成的一个佛教派别，铃木大拙用英语向西方人介绍禅宗，产生了广泛的影响。弗洛姆从中受到启发，认为禅宗与精神分析都是关于人之本质的理论，又是导致人之泰然状态的实践方法，二者的相互影响和相互促进，将为解决当代西方的精神危机做出重大贡献。

3. 晚年的思考：用毕生的精力寻找现代人摆脱痛苦的路径

1961 年，弗洛姆出版了一部政治性作品《人性会占优势吗?》。这本书针对东西方冷战、特别是核战争的威胁,提出了自己的批评性意见,呼吁人们特别是各国领导人理性地、有预见地、主动地对付人类所面临的危机,以避免灾难的发生。

1962 年,弗洛姆任纽约大学精神医学教授。1964 年《人心》一书出版。在这本书中,弗洛姆以其长期的临床经验为基础,进一步剖析了现代人的各种心理病态,并将其统称为"退化综合征",表现为对暴力的热衷、对生命的漠视、对机械的迷恋等等,同时也提出了人性健康发展的特征和途径。

1965 年,弗洛姆退休后被聘为墨西哥国立大学荣誉教授。1968 年是西方世界一个动荡的年头,日益加剧的各种社会问题引发了一系列抗议浪潮,弗洛姆在这一年出版了《希望的革命》一书,力图挽狂澜于既倒,为人们指出一条摆脱困境的希望之路。

1968 年,正当我国进行"文化大革命"之时,弗洛姆以独到的眼光审视了中国的社会主义。弗洛姆认为,中国的社会主义建设面临着与前两者不同的情形:这个国家没有工业基础,唯一的资本就是七亿人的体能、热情和思想,他们决心依靠人力的协调一致创造出所需的原始积累,以便在较短的时间内使技术、发展水平能赶上西方。但是弗洛姆同时又指出,这种建设方式同样以经济发展为目标,而忽略了人的发展。他说:"这种整体的协调一致,是通过权力、个人崇拜和思想的灌输达到的,这与马克思所预言的自由和个人主义人微言轻社会主义社会的基本因素形成了鲜明的对比。然而不能忘却的是,克服自我及追求最大化的消费仍旧存在于中国的制度中,至少到目前为止。它糅合了极权主义、民族主义和思想控制,这样也就损坏了马克思的人道主义的观点。"(《希望的革命》)

1971 年后弗洛姆移居瑞士。1973 年，弗洛姆出版了一部长达五百七十多页的大部头《人类的破坏性的剖析》，他用了五六年的时间才写成这本书。全书系统研究了与暴力和战争密切相关的人的攻击性和破坏性问题，讨论了以弗洛伊德和洛伦兹（以研究动物的攻击性行为而著名，诺贝尔奖得主）为代表的本能主义者和以斯金纳为代表的行为主义者对人的攻击性和破坏性的研究，吸取了神经生理学、古生物学以及人类学等学科的有关成果，探讨了攻击行为的生物的、特别是环境——社会的根源，认为人的破坏性植根于人所处的社会结构。弗洛姆在本书中还用了一章的篇幅分析希特勒的破坏性和攻击性产生的原因。

1976 年，弗洛姆的《占有还是存在》一书出版了。弗洛姆在本书中将人的生存方式和价值观区分为重占有与重存在两种取向。前者关注的是对财产、权力或荣誉的占有，认为生命的目的和意义在于尽可能地占有；后者关注的是生命的存在本身，以潜能的实现和发自内心的积极主动的生活作为人生价值之所在。

弗洛姆的重要著作还有《你应像神》、《一个墨西哥村落的社会性格》（与 M. 麦科比合著）等。另外，弗洛姆还写了几本研究马克思和弗洛伊德的人格和学说的著作，这些著作也产生了广泛的影响。当然，弗洛姆在这些著作中通过研究马克思和弗洛伊德从而表达了自己的思想。这些著作包括《弗洛伊德的使命》（1959）、《马克思论人》（1961）、《幻想锁链的彼岸——我所理解的马克思和弗洛伊德》（1962）、《弗洛伊德思想的贡献与局限》（1979）。

弗洛姆一生的研究工作与弗洛伊德不同，他关心的不是少数人的心理疾病患者或自我实现者，而是大多数人的心理困境以及人生幸福的实现途径问题，这就是社会性格和社会潜意识。晚年的弗洛姆形成了自己的心理学逻辑顺序：从人的处境出发，探讨了人的基本需要和情感，进而提出了社会性格和社会潜意识两个新的范畴。他批评地考察了资本主义社会中人的处境、性格和潜意识，最后提出了一套社会历史观和社会改革方案。

1980年3月18日，弗洛姆在瑞士洛桑逝世，结束了他漫长的、活跃的、富于创造性的学术生涯。弗洛姆去世后，后人将他的一些演讲、谈话和文章整理成文集出版，如《人的呼唤》（1981）、《生命之爱》（又译《说爱》，1986）等。在长达五十年的学术生涯中，弗洛姆不知疲倦地写作着。他的著作为人们提供了一个充满魅力的精神世界。因为弗洛姆所说的一切，都来源于现代社会，来源于现代人的痛苦与欢乐、迷茫与醒悟、绝望与希望。

作为一位以探讨"爱的艺术"著名的心理学家，他本人的爱情经历一定饶有情趣。可惜的是这方面的文献十分缺乏。我们只知道他一生经历了三次婚姻。1926年5月16日，他与一位叫弗瑞达·莱奇曼的女子结婚，他们共同生活了四年，但这是一次失败的婚姻，以离婚而告终。1944年弗洛姆与美国人格伦再婚，可惜他们只在一起生活了八年，格伦于1952年不幸去世。1953年12月18日，弗洛姆第三次结婚，妻子叫爱丽丝·弗瑞曼，她陪伴弗洛姆直到他生命的最后一息。弗洛姆逝世后，爱丽丝还将弗洛姆的文稿整理出版，以此纪念弗洛姆。

弗洛姆特别得意的是，他一直是一位临床的精神分析学家，就是说他一直未离开过心理治疗的临床实践，他仔细研究了到他那里接受分析的人们的行为、自由联想和梦。他的著作都是建立在精神分析实际工作的基础上的，是以对人行为的实际观察为基础的。他还抓住存在主义者在这一方面的不足对其加以批评。他说，萨特的心理学思想虽然显赫一时，但毕竟是肤浅的，因为它没有坚实的临床基础。某些存在主义精神分析学家也是如此。弗洛姆继承了弗洛伊德的传统，把临床经验视为精神分析的生命源泉，也将其作为挡箭牌以抵挡来自各方面的对自己学说的批评。

第2章

弗洛姆心理学的思想渊源与理论特色

一、弗洛姆心理学理论的思想渊源

1. 马克思人道主义学说的指导

在弗洛姆看来，马克思主义学说的实质是人的解放。马克思是一位伟大的人道主义者，弗洛姆把马克思主义的观点概括如下：

马克思哲学的核心是人的存在。弗洛姆认为，像其他所有社会主义者一样，马克思根本关注的问题是人的问题。他说马克思的这些思想在《1844年经济学哲学手稿》中得到最清楚的表述，它的核心问题是现实的个人存在的问题。马克思的哲学来源于西方人道主义哲学传统，这个传统从斯宾诺莎开始，通过18世纪法国和德国的启蒙运动哲学家，一直延续到歌德和黑格尔。这个传统的本质是对人的关怀，挖掘人的潜在才能，使每个人都得到自我实现。尽管马克思也关心人的存在问题，但与存在主义有根本区别。存在主义把人的存在看成是特殊个人孤独的存在。马克思则把人的存在看成是特定社会和特定阶级的成员，人的活动受到社会的制约，人性得到充分的实现与社会发展是密切相关的。

马克思认为精神财富才是人的真正享受。弗洛姆认为，马克思是从创造历史的人出发的，人具有一种特定的潜能。人在历史的进程中发生了变化，人创造了自己的历史，人就是他自己活动的结果。所以全部历史不过是人通过自己的劳动做出的创造，历史是人自我实现的历史。从这个思想出发，马克思得出与政治经济学中完全不同的贫富新概念。马克思指出，私有财产把我们弄得那样愚蠢和片面，以致认为占有许多日用品才是富有，而实际上在这时，人的一切肉体和精神的感觉都被"有"的感觉所代替了，这实际上是一种贫穷。在马克思看来："自由的人是富有的，但并不是经济上的富有，而是在做人意义上是富有的。"马克思眼中的富人，是本身即为富足，而非拥有富足者。拥有财富是外在的，随着人的消亡而丧失，精神财富才是人的真正享受。

马克思认为社会主义就是克服人的异化，使人得到全面发展。马克思认为，劳动异化在资本主义社会达到顶峰，工人阶级是异化最为严重的阶级。因为工人阶级不能参与劳动的管理，而只能作为机器的一部分被雇佣，从而被变成依附于资本的物。弗洛姆认为，马克思的社会主义社会的建立就是为了克服异化，把异化的、无意义的劳动转化成生产的自由劳动，使人得到自我实现，成为一个全面发展的、真正的人。社会主义社会不是一个把人严密地编组起来，像机器一样的自动化社会，不管在这个社会里收入是否平等，也不管他们是否吃得好、穿得好。社会主义不是一个个人从属于国家、从属于机器、从属于官僚政治的社会。

马克思是具有爱和创造性的人，是其关于人的概念的体现。马克思是具有爱心的人，这主要表现在他同妻子、孩子、朋友的关系上。弗洛姆认为，世界上也许还没有什么婚姻能比马克思和燕妮的婚姻那样值得称道，他俩的婚姻可以算得上人性尽善尽美的发挥。两个人的背景特殊，马克思是一位犹太律师的儿子，燕妮则是一位普鲁士贵族小姐。结婚以后，任凭物质生活贫困和百病缠身，他们的爱情从不动摇，这给他们带来了无与伦比的幸福。这种婚姻只有当两个人有着非凡的爱的能力才能实现。马克思与子女的关系是无拘无束、毫无家长制作风的，并且充满着激发蓬勃向上力量的爱。马克思与恩格斯的友谊更是无与伦比的。在他们俩的关系中，几十年几乎没有发生过任何摩擦，这是建立在深厚的互敬互爱基础上的同志之情，两个男人之间的这种情谊真是举世无双。

弗洛姆认为，马克思的人格是他关于人的概念的体现。他说，我们不能把马克思一分为二，在《1844 年经济学哲学手稿》中的青年马克思的思想与在《资本论》中老年马克思的思想之间并没有发生根本的转变，马克思并没有像有些人断言的那样，抛弃了他的早期观点。是谁主张青年马克思和老年马克思关于人的观点存在着矛盾呢？这主要是俄国共产党人提出的，他们不得不这样做，因为他们的思想以及社会制度、政治制度与马克思的人道主义在一切方面都是矛盾的。

马克思过高地估计了经济和政治措施的作用，忽视了心理因素的作用。弗洛姆认为，在马克思看来，社会主义就是克服异化。怎样才能实现社会主义呢？马克思认为必须采取两项措施：实行生产工具的社会化（大整个社会所占有）和中央集权的计划经济。在资本主义制度下，工人受雇佣，所以人的异化最严重，如果生产资料归社会占有，工人不再受雇佣，工人工作的性质就会发生变化，劳动将变成人类力量有意义的表现，而不是无意义的苦役。马克思深信，如果能达到以上两个目标，将会克服人的异化而获得人类的解放，一个无阶级的友爱而公正的社会就会到来。

为什么马克思的人道主义实行起来导致了相反的结果呢？弗洛姆认为马克思的学说有三项失误：一是忽略了人类道德因素，人性具有两面性；二是相信美好的社会主义会立即到来；三是认为生产工具的社会化是由资本主义社会转变为社会主义的充分而必要的条件。这三个错误思想的根源是对经济与政治措施估计过高，忽视复杂的心理因素。

弗洛姆说，马克思对于人类的看法过于单纯、过于乐观、过于理性，相信人类从被剥削被利用的状况中解放出来，自然会产生自由而合作的人类社会。马克思却没有预料到，如果人们本身没有做道德上的改变，则一个社会不会成为好社会的。社会制度改变了，人性就自然而然地改变是绝对不可能的。马克思对人非理性的破坏本能的力量不够重视。与之相比，弗洛伊德经历了第一次世界大战以后，认为人的破坏本能和爱一样，同样有着根深蒂固的思想根源。马克思从来没有经历过人类互相残杀的实践，他不可能看到人类非理性的一面，所以只是把生产工具的社会化看成通往社会主义社会的正确途径。

2. 弗洛伊德的精神分析理论的启发

弗洛姆是弗洛伊德的学生，他认为，弗洛伊德是科学心理学的真正创始人，他所发现的无意识过程是对人类科学的独特贡献。

弗洛伊德发现了人性中的非理性和无意识部分，从而成为一门真正科学的心理学的创始人。在弗洛伊德看来，每个人都有本能欲望，它支配我们的行动，然而我们又不能知觉它。因而弗洛伊德称这种意识不到的本能欲望为"无意识"或"潜意识"。由于这种本能与社会规范相冲突，如果人意识到了，那么就会产生犯罪感。所以，人类的意识把它压抑下去，使人觉察不到，但这并不表示它不存在。实际上，潜意识非常活跃，总想找机会出来表现自己，但是它在表现自己的时候会发生扭曲，致使我们无法认识它们的真面目。

弗洛伊德就是用这种观点来解释精神病的。他认为精神病的症状就是无意识本能欲望的表现。由于受到外界的压抑不能进入意识的本能欲望，在一定刺激下，通过不正常的行动表现出来就是精神病。我们只知道病症引起的痛苦，不知道这些症状是无意识本能的满足。对弗洛伊德这一思想，弗洛姆给予了很高的评价。他说："于是弗洛伊德史无前人地了解心理症状是受我们内心的力量所决定的，也是富有意义的，是我们了解它的钥匙。"弗洛伊德不仅用无意识说明精神病的症状，而且进一步用它来说明一些正常人的行为。弗洛姆说："这种观念使它能够解释如遗忘或失言等许多旁观者的困惑、且无人能发现解释的失误。"

弗洛伊德认为人的本能欲望（尤其是性本能）是反社会的，人的本性是恶的。这主要表现在弗洛伊德对儿童本能的看法上，他认为许多孩童具有反社会的本能，在婴儿时期，性本能的力比多（性欲）就开始集中在口腔中，后来与排泄器官相联系，最后集中在性器官。儿童有强烈的虐待和被虐待的冲动，其自私、自恋和嫉妒心是很重的，而且充满对他的竞争者的破坏行为。小男孩与小女孩的性生活是受乱伦行为支配的。男孩有恋母妒父的俄狄浦斯情结，女孩则有恋父妒母情结，只是出于对父母的惧怕，儿童才把这种乱伦欲望压下去。儿童长大成人以后，其反社会的本能并没有消失，只不过是压抑到无意识中去了，一旦有合适的机会还会表现出来。

弗洛伊德认为社会规范的功能就是压抑人的本能，并借这种压抑产生社会文明。由于人的本能是反社会的，所以，一切社会规范都是为了压抑人的本能。通过强大的心理压抑，使人把邪恶转化为善良，弗洛伊德称之为"升华"。这是指邪恶的本能脱离它原来反社会的目的，并且用更高尚的道德目标来引导它们。从这个意义上说，社会文明就是压抑人的本能欲望，而使道德水准升华的结果，社会愈是文明对人的本能就压抑愈深。由于人自身的升华作用是有限的，因此不断增加的社会压抑不但不能引起人的升华，反而导致人的精神病不断增加。于是弗洛伊德认为人遇到了两大困境：压抑越大，则文化越进步，同时，产生精神病的危险就越大。

弗洛伊德过分地强调了人的本能欲望的作用，忽略了社会过程的作用。弗洛姆指出，在弗洛伊德那里人的情欲"被视为深植在人类生物构造中的永恒力量"。这样就会把人与社会的关系看成是一种静止的关系：一方面人满身是本能和冲动；另一方面个人与社会绝然对立，社会文明可以压制个人的欲望。弗洛姆认为，其实人与社会的关系不是静止的，而是一种互动关系。人创造了社会，社会又改造了人，人不是一种固定不变的动物，而是社会过程的结果；人不仅受社会历史的影响，而且可以创造历史。

弗洛姆的社会心理学观点：第一，人在本质上是受社会历史熏陶的，尽管人的心理因素具有不可否认的重要性，但是都会被社会环境所改造。第二，弗洛伊德把人当作一个封闭系统，人格发展的结果取决于有没有满足人的内心欲望，满足了就健康发展，受到挫折就会得精神病。弗洛姆则认为，人是社会的产物，人的心理也是社会的产物，是可以塑造和矫正的，这是社会心理学研究的目标。

总之，尽管弗洛姆对弗洛伊德的一些观点并不完全同意，但他仍然认为弗洛伊德对人的科学研究有卓越的贡献，并给予了很高的评价："弗洛伊德的体系是对现存思想和偏见的一种挑战，它开辟了思想领域内一个新时代，这个时代与自然科学和艺术的新进展保持一致。"

3. 犹太–基督教传统与启蒙精神

弗洛姆为什么选择了马克思和弗洛伊德，这要从更深层的背景上去分析弗洛姆，根源在于其犹太–基督教传统和启蒙运动的精神。弗洛姆总是把他们与犹太–基督教和启蒙运动联系起来，在弗洛姆的理论中，也充分体现了这两种传统，所以有人称他是"正统学者"。作为犹太人，弗洛姆的父母都信奉犹太教，他从小生活在充满犹太人传统的世界里，阅读《圣经》、犹太先知们的著作和犹太法典能使他激动不已。他说："我的世界观并不是一个现代人的世界观，而是一个前现代人的世界观，又因为我研究过犹太教法典，阅读过《圣经》，听到过关于我那些生活在资本主义社会之前的世界中的祖先们的许多故事，这更加强了我这种世界观。"

弗洛姆的曾祖父是个犹太教法典学者，并且在巴伐利亚有个很小的店铺，但他赚钱很少。他有许多孩子，这使他的处境更困难。有一天，他有了一个赚钱的机会，条件是他需要常常出门。他妻子说："也许你应该考虑不要放过这个机会，你最好一个月只出去三天，我们将会多赚一点钱。"他却说："你认为我应该为了多赚点钱而每个月失去三天的研究时间吗？"她答道："看在上帝的份上，当然不。"这件事就这样结束了。他仍旧每日坐在他的小店里研究犹太教法典。每当有顾客进门，他就习惯地抬起头，并厉声地说："你没有别的店好去吗？"这个令现代人感到不可思议的故事却使弗洛姆倍感亲切，现代社会反而使他感到奇怪。

弗洛姆还特别喜欢中世纪教士埃克哈特（1260~1327）的著作，对路德和加尔文新教则持批判态度。犹太-基督教传统对他的影响主要在两个方面，一是宗教精神，强调人在生活中要以精神、宗教和道德规范为中心。他说这是一种前资本主义的传统，接近于中世纪而远离现代精神。他甚至因父亲是一个商人而感到惭愧。二是政治信仰，主张对世界实行变革，以实行这些宗教原则。这种传统包含一种信念，相信世界会得到拯救，相信"四海之内皆兄弟"的预言将会实现。这种传统促使他形成了乐观的救世情怀、和平的国际主义和一种新的空想社会主义思想。

实际上，犹太-基督教传统是极其复杂的，如果不把它与启蒙运动结合起来，就不能理解弗洛姆为什么选择性地继承了马克思和弗洛伊德的那些共同遗产，也不能理解他对犹太-基督教的选择性继承。表面上看，犹太-基督教传统代表着中世纪，而启蒙运动正是对中世纪的反动，这二者是不能统一的。

但精神现象是复杂的。启蒙运动虽然为资本主义开辟了道路，但资本主义的现实发展又背离了启蒙运动的精神，所以空想社会主义和马克思反过来继承启蒙运动的精神以批判资本主义。而犹太-基督教传统又在现代条件下发生了某种"创造性转换"，那些具有这种背景的人有意无意地发扬了这种传统中与启蒙运动精神相一致的东西。爱因斯坦和弗洛姆谈到的犹太传统都是经过选择的与启蒙运动相一致的东西。启蒙精神无疑是弗洛姆所受教养的基本因素（在众多的启蒙思想家中，弗洛姆最爱读斯宾诺莎的著作）。这种精神就是用理性主义和人本主义去批判和改造现实。所以弗洛姆是在犹太-基督教传统和启蒙精神的立场上来继承马克思和弗洛伊德的共同遗产的。

弗洛姆认为，马克思、弗洛伊德和爱因斯坦这三个犹太人都是现时代的设计师。他们三个人都认为，不仅要发现自然界（人是自然的一部分）的秘密，探索自然界的规律，而且要对自然界进行设计。他们都以自己独特的方式进行了研究。他们的著作不仅具有科学性，而且具有最高的艺术性。最典型地体现了人类渴望真理的需要，体现了人类改造现实以追求理想未来的愿望。

弗洛姆并不认为马克思和弗洛伊德是旗鼓相当的具有同样历史意义的人物。他认为马克思是具有世界历史意义的人物，就此而言，弗洛伊德是不能与马克思相提并论的。马克思所思考的深度和广度远远超过了弗洛伊德，他为一门有关人和社会的新型科学奠定了基础。但不能因此而忽视弗洛伊德，他"是一门真正的科学心理学的创始人"，对人的科学作出了独特的贡献。

二、弗洛姆学说的理论特色

1. 以马克思的社会学理论和弗洛伊德精神分析的思想为基础

任何一个人的思想都不可能离开社会条件而凭空捏造，也不能离开已有的前人思想成果，仅靠自己想象杜撰出来。弗洛姆作为精神分析社会文化的创始人，其思想主要来自无产阶级的革命领袖马克思和精神分析学派的创始人弗洛伊德。弗洛姆非常崇拜马克思和弗洛伊德这两位伟大的人物，在他眼里，马克思和弗洛伊德都是现时代的设计师，"他们各人以自己独特的方式进行研究，他们的著作不仅具有科学性，而且具有最高的艺术性，最高地体现了人类渴求理解，渴求知识的需求"。

弗洛姆也是一个弗洛伊德主义的忠实追随者，他在研究弗洛伊德精神分析学说的过程中，发现了弗洛伊德精神分析理论的局限性。他先后写过几部著作，如《在幻想锁链的彼岸——我所理解的马克思和弗洛伊德》《精神分析的危机》《弗洛伊德思想的贡献与局限》表达了他的质疑。弗洛姆看到，弗洛伊德的精神分析学说能够通过运用俄狄浦斯情结、阉割恐惧等概念治疗人的心理问题，来揭开心理之谜，但这个理论却不能解决整个世界存在的问题。

在《弗洛伊德思想的贡献与局限》这本书里，弗洛姆更明确地提出，弗洛伊德的学说只是着眼于个体而忽视了历史，弗洛伊德以为历史是人创造的；而弗洛姆则与此相反，以为人是历史创造的，即人是社会历史文化的产物。正因为如此，弗洛姆的理论逻辑从个体转向社会和历史，而跳出弗洛伊德只重视个体研究，忽视历史和社会。弗洛伊德只是在家庭的范围内解剖人、分析人，而弗洛姆则主张解剖人离不开社会和历史，只有综合社会，历史地分析人这个个体，才能全面地、辩证地看问题。

在《健全的社会》的序言中，弗洛姆更明确地指出，"人的基本情欲并非起源于人的本能满足，而是起源于人的生存状况，起源于人失去史前阶段原始联系后而对于新的人际关系和自然关系的需要。在这一方面，我与弗洛伊德的观点大相径庭"。

为此，弗洛姆在极力寻找另一种理论，吸收其中的"真理"来"修正"弗洛伊德的精神分析学说。他发现了一位更伟大的人物——马克思。弗洛姆说，"在我看来，马克思所思考的深度和广度都远远超过了弗洛伊德"。在学习和研究马克思学说的同时，弗洛姆也看到了马克思理论的一些地方需要"修正"。如，弗洛姆认为，马克思没有看到人的非理性力量的作用，忽视了人的心理因素的作用；在《幻想锁链的彼岸——我所理解的马克思和弗洛伊德》中，弗洛姆谈到．根据马克思的学说，社会的经济基础决定作为上层建筑的意识形态，"但马克思和恩格斯并没有说明经济基础是怎样成为意识形态这种上层建筑的"。因此，通过不断地研究和深入地思考，弗洛姆越来越觉得要取这两家学术之长，综合这两家的学说十分必要。在他看来，"随着年龄的增长，我获得的知识越来越多，我就愈加怀疑这两个体系中的某些论断"，"我也试图找出弗洛伊德学说中那些闪烁真理光辉的思想和那些需要修正的论断。对于马克思的理论，我也是这么做的"。

正如他在《幻想锁链的彼岸——我所理解的马克思和弗洛

伊德》中第十章的标题那样，"两家学说的命运"将在他那里有所改变。为此，弗洛姆还找到了综合表达出这两家学说的共同土壤：我们必须怀疑一切；人所有的我都具有；真理会使你活动自由。

从以上弗洛姆的观点，我们发现他试图把马克思理论与弗洛伊德学说综合起来，进行新的理论创新。因为，在20世纪中期，弗洛伊德学说的局限性，在新的历史条件下逐渐暴露出来了，失去了当初它那种震撼人心、让世人眼前一亮的批判性和革命性，它需要继续向前发展。马克思主义以其宽阔的视野和强烈的科学性、革命性，深深地吸引着弗洛姆，使他看到了二者在许多方面的相似性和相容性，看到了综合这两种理论的必要性。弗洛姆认为，二者的共同特征，使他把马克思学说与弗洛伊德学说综合起来具有可能性。

弗洛姆用自己一生的精力，致力于二者的学说的综合，他运用自己具有的敏捷思维能力，结合自己的观察和自省、领悟，通过独创性的思考，在当时的历史、社会背景下，通过综合马克思和弗洛伊德的学说，形成了自己独特的人学思想体系。弗洛姆的人学思想从心理学和社会学的角度，对人的本性做了深刻细致的分析，他的分析有别于弗洛伊德对人的纯心理学和生物学的剖析，又有别于马克思强调人的社会性，对人做的是社会性和历史性的分析。弗洛姆的分析是对这二者的综合，是对这二者的继承和发展。他关注现实，并对人的生存境遇、生存需要等方面进行分析，他说："弗洛伊德着重个人的病理学，马克思关心的社会所共有的、从该社会特定的制度中产生出来病理学。"因此，弗洛姆认为，只有把这两种学说综合起来，才能形成对人和社会的全面认识。

2. 以怀疑和批判的精神看待一切理论成果

弗洛姆所说的"我们必须怀疑一切"，是指具有现代科学特点的批判精神。有怀疑才会有发现，才有可能创新或创造，自然科学往往是因对现实成果不满意，对传统意见和结论怀疑而发现的。而对于马克思和弗洛伊德的怀疑，则是不能仅仅停留在他们的现成结论中，在弗洛姆看来，马克思的学说是怀疑一切的，因而是批判性的。因为"对一切思想体系、观念和理想持一种谨慎的、怀疑的态度正是马克思的特点"。马克思认为，人的思想是以特定的社会所发展的思想为模式的，由于这些特定的社会所发展的思想又取决于该社会特定结构和作用方式，因此它们掩盖了经济和社会的利益。为此，马克思一向怀疑这些思想。

弗洛姆认为弗洛伊德的学说也是一种批判的思想。首先，它对现存精神病学的思想批判，因为现存的精神病学把意识作为精神病的基本论据，弗洛伊德发现了无意识的存在，建构了他的无意识理论体系，并把它作为精神分析学说的基石。其次，弗洛伊德学说的批判性还表现为，它向维多利亚时代的许多价值观和意识形态发起了挑战。维多利亚时代认为，性欲不是理性和科学研究的主体，而在弗洛伊德看来，力比多（性欲）正是一切心理行为的动力，没有力比多就没有弗洛伊德的精神分析学说。根据弗洛伊德的理论，幼儿从出生之日起，就开始具有力比多，因此，在维多利亚时代那种认为儿童是纯洁的、完全无辜的思想是站不住脚的，维多利亚时代把性欲作为忌讳话题的道德观也是虚假的。最后，因为弗洛伊德揭示了这样一个事实：在人这个曾经被认为是上帝的创造物、这个优于地球上一切生物的精灵的头脑中，绝大部分是与其他动物无异的性欲，所不同的是，人有意识地压抑了性欲。因此，研究人的无意识这个领域具有比研究意识这个领域重要得多。可以这样说，弗洛伊德的精神分析学说是"怀疑的艺术"，它开辟了思想领域中的一个新时代。

因此，弗洛姆认为，马克思和弗洛伊德的学说都是怀疑的学说，是批判的理论。"两人对充斥人们头脑的被人们误以为是构成现实基础的那些陈旧思想、合理化和思想体系均持同样怀疑态度"。所不同的是"在马克思看来，基本实在是社会的社会经济结构，弗洛伊德则认为，个体的力比多组织才是基本的实在"。弗洛姆为精神分析理论在后期失去了批判性而感到痛心疾首，他力求用自己的理论恢复和发扬这种精神。

批判的目的不是简单地摧毁，而是创造，是建立新的世界，不破坏旧世界，就无法建立一个新世界。弗洛姆在《马克思关于人的概念》一书中，一再论述了马克思批判现实社会的目的是建设一个新世界。弗洛姆在分析弗洛伊德人格时，也认为弗洛伊德一直怀着一种"要成为一个伟大的政治领袖的志向"，他"关心的不是医学，而是哲学、政治和伦理"，他是"披着治疗学家外衣的一个伟大的世界改革家"。精神分析的最终目的，是要达到变革社会和文化的目的。

弗洛姆一直对政治和宗教有极大的热情，他在十一二岁的时候就热衷于政治。那时，在他父亲的商店里，他就曾经和一位社会主义者谈论政治。后来，他还参与创建了一个和平团体，反对核军备竞赛和越南战争，参加过美国社会党，还专门写过一本小册子，支持麦卡锡竞选美国总统。他说，他之所以参与这些政治活动，是因为他认识到，自己置身于这样一个正在走向灾难的世界，这个世界越来越不健全，越来越非人性化，因此就需要更多的人，共同肩负人类的共同使命共同奋斗。他用自己的行动证明，他的理论和思想不是建立在书本基础上的，他不满足仅仅对各种社会形象进行批评，他力图建立一套社会改革理论。从这点来看，弗洛姆克服了弗洛伊德身上的救世情怀与悲观主义的矛盾，他继承了马克思的乐观主义精神。

在弗洛姆看来，马克思希望人类从隶属、异化和经济奴役的锁链中解放出来，但他并不崇尚暴力，暴力不符合绝大多数人的意愿，不能赢得人心；马克思也不采取其他政治家们所惯用的煽动性的游说来赢得人心；马克思依靠的是他科学地、正确地分析社会和历史，从而获得改变世界的真理。在马克思看来，人靠幻想活着，幻想使人得以忍受现实生活的痛苦。但是，如果人们恢复理智，用理智改变现实，幻想就没有立足之地，"因此，马克思相信，他的最重要武器是真理，亦即揭开种种幻想和意识形态掩盖下的现实"。弗洛姆认为，马克思激动人心的号召，例如《共产党宣言》，就是通过科学地分析社会和历史现象之后提出来的，《共产党宣言》充分体现了对历史、经济以及阶级关系的"一次卓越的透亮的分析"，这是真理的呼唤，能够赢得绝大多数人的拥护，它揭示了种种幻想和歪曲地描写现实的虚假意识，给人们带来了曙光。

因此，弗洛姆认为，"构成马克思所说的'真理的武器'的思想基础与弗洛伊德是相同的"，那就是他们都相信真理的力量，只是他们的着眼点不同。马克思认为，"真理乃是引起社会变革的一种武器"。弗洛伊德则认为，"真理乃是引起个人变革的一种武器"。弗洛伊德发现，如果病人感知到他自己的有意识的思想具有虚假性质的话，只要正确地把握掩盖在思想后面的力比多，变无意识为有意识，那么他就可以获得改造自己、去摆脱自己的非理性的力量，然后依靠理性去揭穿假象，获得对现实正确的认识，这样，病人就能摆脱困境。可以这样说，弗洛伊德精神分析法，就是通过对无意识的认识来寻找真理，最终达到治疗病人的目的。

3. 精神分析社会文化学派的集大成者

弗洛姆既是精神分析社会学派的创始人之一，也是这一学派的集大成者，是这一学派中影响最广泛的人物。

精神分析社会学派酝酿于弗洛伊德的晚年，即 20 世纪 30 年代末。其主要代表人物霍妮于 1937 年出版《我们时代的神经》、1939 年（弗洛伊德去世）出版《精神分析的新方向》，强调社会文化因素在神经症形成中的重要作用，并对弗洛伊德的许多基本观点进行了修正；沙利文于 1938 年创办了《精神医学》杂志，以传播他的人际关系理论，他认为心理疾病是由人际关系的失调引起的，而不是性本能与社会冲突引起的；卡丁纳于 1939 年出版《个人及其社会》，将其通过人类学研究所得出的不同于弗洛伊德的结论公之于世；弗洛姆在 20 世纪 30 年代发表了一系列论文，试图用历史唯物主义来修正精神分析。到了 40 年代初，精神分析社会文化学派正式形成。1941 年，霍妮被纽约精神分析研究所开除，但她迅速成立了美国精神分析研究所，并自任所长，这一事件标志着精神分析社会文化学派与正统精神分析从思想体系分裂到组织分裂成为现实。同年，弗洛姆出版了《逃避自由》，从社会历史根源上分析纳粹主义崛起的心理基础，这与弗洛伊德从本能中寻找战争的心理根源形成鲜明对照。弗洛姆致力于从社会学的和人本主义哲学取向上修正弗洛伊德的精神分析。

其实，弗洛伊德之所以伟大，正是由于他被后人当作批判的靶子，他成为这门学科发展的主要动力。科学研究中伟大人物的错误，往往比他发现真理更多地促进学科的发展。精神分析社会文化学派就是在修正弗洛伊德的"天才的错误"的基础上发展起来的。

20世纪三四十年代的西方国家动荡不定、灾难迭起。先是席卷整个资本主义世界的经济危机。随后是法西斯主义崛起，第二次世界大战爆发，人们经受各种压力和打击，神经症和精神病患者不断增多。一些精神分析学家，从治疗实践的切身体会和经验中感受到，用弗洛伊德的病理学和治疗学，在临床上已经行不通了。这些患者的问题主要不是性压抑，而是社会生活的困境、人际关系的失调所造成的人格扭曲。新的客观现实，使得弗洛姆等一批科学家开始了新的理论探索。

那时，有近二百名精神分析学家为逃避纳粹迫害而来到美国，其中大多数是犹太人，包括霍妮、弗洛姆、埃里克森等，后来成为著名专家学者。他们的成就主要是在美国取得的。弗洛伊德的精神分析产生于19世纪，接受的是物理学和生物学的范式，弗洛姆的社会文化学派则接受的是20世纪兴起的社会科学（社会学、文化人类学、社会心理学）的新范式，把人看成是社会文化的产物，把人格解释为个人对社会环境的适应，把理论和治疗实践的重心从人体内部转移到人与人、人与环境之间的关系上。精神分析社会文化学派的主要代表人物是霍妮、沙利文、卡丁纳和弗洛姆。他们的理论各有侧重，在观点上时有分歧，在组织上较为松散，不像正统的弗洛伊德学派带有政治和宗教组织特点。霍妮认为，不同的文化背景有不同的神经症的标准，神经症的根源在于个人在充满矛盾和敌意的社会中所产生的基本焦虑；沙利文重视人际关系这一概念在精神医学中的重要地位，他们俩人主要活动在精神分析和精神医学领域；卡丁纳致力于对民族的现场调查材料进行精神分析的阐释，认为不同文化的基本制度造就了不同的基本人格结构，进而形成了不同的宗教和禁忌系统，他主要活动在人类学领域；弗洛姆认为，资本主义的发展使人失去了与自然、与他人、与真实自我的密切关系，因而现代人虽然获得了自由，却陷入了孤独和不安的境地，这是真正各种心理疾病的根源。他主要活动在精神医学、社会学和哲学领域。卡丁纳和弗洛姆主要在大学任职，这从一个侧面体现了美国学术界对精神分析的承认。

他们之间也存在分歧，如霍妮与弗洛姆之间、卡丁纳与另外三个人之间产生过摩擦或分歧。但他们在许多基本观点上是一致的，这就是他们同属于一个学派的基础：一是都继承了弗洛伊德潜意识动机和人格动力学观点，并以此为基础形成了各自的人格心理学和社会心理学；二是都继承弗洛伊德重视童年经验或亲子关系的传统，但抛弃了弗洛伊德本能决定论、婴儿性欲论和人格结构（本我、自我、超我）论；三是都强调社会文化因素对人格的影响，将微观的家庭环境与宏观的社会环境联系起来研究人，反对弗洛伊德的生物学的倾向和女性心理学；四是都受过传统的精神分析正规训练，掌握精神分析治疗技术，并以此为基础形成了各自的人格心理学、心理治疗学和社会心理学；五是都抛弃弗洛伊德关于人和社会的悲观主义态度，相信人潜能的精神性，相信通过改善社会生活条件、改变不合理的人际关系，可以实现健康的人的生活。因此，不仅停留在治疗上，而且在关于人和社会的信念上都是乐观主义的。

第 3 章

现代人的矛盾处境与两难选择

一、现代人的矛盾处境

人的内心世界是人的生存环境所决定的。我们分析现代人的心理状况，必须首先了解现代人的处境。弗洛姆关于人的处境的学说，是他整个思想体系的逻辑起点，他从这个起点出发，逐步展开他的心理学理论。弗洛姆是从以下三个方面来分析现代人的处境：人在生物学意义上的矛盾；人存在本身的无法摆脱的矛盾；人类历史的矛盾。

1. 从生物学意义上看的人矛盾

在大千世界，进化程度越高的动物，其生而具有的本能的自动调节能力就越低下，这种反差，在人类进化的过程中达到了顶点。在所有的动物中，刚刚出生时，人是最无能、最软弱无力的动物。而牛、马、鸡、鸭等动物，出生后几个小时就能站立行走，而人大约到一岁时才蹒跚学步。人对父母的依赖时间，比任何动物都长。

然而，越是高等动物，行为模式的伸缩性越大，学习的能力也越强。在高等灵长目动物身上，已具有相当的智力，这些动物会运用智慧，而不仅仅依靠本能去满足它们的需要。在德国心理学家苛勒（1917）的经典实验中，一只关在笼子里的黑猩猩，想吃到笼子外面的香蕉，先用前肢，够不着；然后用笼子中的一根棍子，也够不着，最后，黑猩猩用这根棍子够到了笼子外另一根较细的棍子，将较细的棍子插入较粗的一根棍子的空口里，接成了一根很长的棍子，终于得到了香蕉。从黑猩猩的行动中，我们看到了智慧的萌芽。这种智慧行为超越了本能所遗传的行为模式。但是，无论多么高等的动物，它本质上依然遵循着生物的自然法则生活，它是自然界的组成部分，永远不会超越自然。动物没有道德良知，也不能意识到自己及其存在；如果说理性是透过现象抓本质的能力，那么动物就没有理性；即使它知道什么是有用的，也不可能有抽象的概念。

动物对周围环境的适应方式始终如一。它的所有本能都是先天赋予的，也就是从遗传中获得的。如果它生存的环境发生了变化，其遗传的本能又不能适应，那么它只有绝种。这就是物竞天择，适者生存。动物与大自然的关系是和谐的，尽管大自然的变化也会威胁到动物的生存，迫使它为活命而斗争。但大自然为动物的生存提供了足以应付环境的物质，使其随着环境的变化，自身也发生了进化，以适应不断变化的大自然。

在弗洛姆看来，动物的进化过程中，人类的生存本能没有从遗传中得到，而是要从父母那里学习得到，在漫长的成长期中，人类逐渐学会了生存的能力。人类的本能适应不能使人生存下去，为了克服这个生物学意义上的弱点，人类创造了文明，从而超越了自然。自我意识、理性和想象力打破动物与自然保持的和谐关系，人类把自己看成宇宙中心。

人类开始走向误区。人作为自然界一部分，他要服从自然规律而不能任意改变这些规律。但是，文明使人类逐渐远离自然，并企图脱离自然。这样的结果是人与自然的关系破裂了，人失去了原有的家——大自然，再也不能回到这个家。人类无家可归，只有一条路可走：去寻找一个新家，将自然界改造成为人希望的世界，也使自己成为一个真正的自由人。

2. 从社会意义上看人存在自身无法摆脱的社会矛盾

人类有与动物根本不同的特质，人能意识到自己是独立的整体，能回忆过去并展望未来，能用符号表达自己的意识。人能认识世界，能用理性思维，能够感觉到暂时离自己很远的危险。与动物相比，人在许多地方处于劣势，比如，人不能单独战胜野兽；人没有皮毛，不能御寒；人的嗅觉比动物差得很远。但是，正是人类这一生物学上的柔软性，成了他力量的源泉，成了促使他发展作为人特质的原动力。人因此超越了动物的本能状态，成为地球的主宰者。但是，这种超越又使人陷入了一系列困境，弗洛姆把这种来自于人的存在本身的困境，称之为人的存在的矛盾性。

（1）个体化与孤独感的矛盾

弗洛姆认为，人存在于与自然、他人和自我的关系中，所以要了解人的存在状况，就要分析人与自然、他人和自我的关系。

自我意识、理性和想象力的发展，使人失去了与自然的一体性，但人又没有完全脱离自然而独立生存的手段，弗洛姆从这个角度对《圣经》中人的诞生的神话进行了新的解释。在伊甸园里，人与自然，男人与女人和谐地相处一起。那里一片安宁，没有选择，没有自由，没有思想。但有一天，男人违反了上帝的禁令，偷吃了知识树上的果实，从此，他有了理性，有了知识，有了自我意识，能反观自己，发现自己赤身裸体并感到羞耻。这意味着人开始脱离自然状态，人与自然之间原有的和谐状态破裂了。违抗上帝的禁令，这是人的第一次行动。如果不这样做，人永远是自然的一部分。但这种行动给人带来的后果又是痛苦的，人与自然从此不能和谐相处又不能完全分离。人被逐出伊甸园，获得了自由，同时也获得了孤独与恐惧，人在改造自然的同时，也把自然破坏了，在这个过程中，自然成了人类改造的对象，同时也是人类的对立面。当然，这个过程是漫长的，在古代，从原始社会到中世纪后期，人与自然之间还保持着密切的关联。只是工业文明的出现，才加剧了人与自然的对立。

同样的情景也出现在人际关系中，婴儿离开母体以后，他就作为一个个体而存在了，但是这时候，他与母亲保持着一种原始的关联。他与母亲朝夕相处、息息相通。母亲依然把他看作自己的一部分，随着年龄的增长，他的活动范围逐步扩大，母亲的照料越来越少，自己要去解决问题，要与各种人打交道。人不能离开他人而生存，又不可避免地与他人发生冲突，因此，个体在成长过程中具有两面性：一方面，儿童在身体和精神上日益强大，感到自我力量的增长；另一方面，他感到失去了母亲的保护，感到自己与他人冲突和分离，感到世界的强大与自己的渺小，感到世界常常与自己作对，孑然一身面对这个强大的充满威胁的世界。

从社会的发展来看，古代社会的人与人之间的联系是密切的，现代社会人与人之间关系越来越冷漠。所以，无论从个体发展还是从人类社会发展来看，人与人都有越来越疏远的趋势。与此同时，人也疏远了自己。意识本来是自我的一部分，却常常跟自我过不去，它要限制人的冲突和行为。意识掩盖了人的真实自我，使人的真实自我处于无意识的受压抑状态，自我分裂了。人害怕独处，害怕和自己在一起，总是要找事去干。现代人忙于追求金钱、权力、荣誉，自以为在追求幸福，一旦真正得到这些东西，又感到茫然和空虚。于是陷入精神崩溃般的绝望中，直到新的希望产生出来。但是，人每向新的存在迈向一步，都意味着新的恐惧，意味着要放弃比较熟悉的安全环境，而面对一种陌生的环境。为了摆脱这种恐惧，人又产生了一种回归和倒退的倾向。所以人"永远摆脱不了两种相互冲突的倾向：一种是脱离子宫离开动物的存在状态而走向人的存在状态，离开束缚走向自由；另一种是回到子宫，回到自然，回到确定性和可靠性"。不确定性是使人发挥自身力量的条件，同时人又执着地寻找确定性。弗洛姆认为，人在精神上始终被前进和倒退两种倾向折磨着，他把人从原始状态中脱离出来，从而获得独立性和力量感的过程称为"个体化"，认为在这个过程中不断伴随着孤独感的袭击。

（2）生与死的矛盾

人活着却能想到死，人意识到生命是有限的，死是必然的结局，对此人无能为力。对生命的眷恋与对死亡的恐惧折磨着人。由于生与死不能同时存在，所以人无法真正理解死亡的含义，死亡是不可知的，且"人死后怎样"的问题却纠缠不休。人是在偶然的时候和偶然的地点被抛弃到这个世界上来的，最后，又被迫偶然地离开这个世界。在出生和死亡之间，人似乎被扔进了一个变化无常的世界。对于现在，只有过去是确定的；对于未来，只有死亡是确定的。由于具有自我意识，人能意识到自己的软弱无能和人存在的种种限制。人能意识到自己的必然归宿——死亡。

弗洛姆在这里讲的死亡的偶然性和必然性并不是矛盾的。偶然性是就死亡的时间、地点和方式而言的，必然性是就每个生命的结果而言的。人即使想回避生与死的矛盾，也办不到，因为他只要活着，就必然要想到这个问题。人往往企图通过创造某种意识形态来否定或回避生与死是矛盾，例如，基督教的灵魂不灭的观念。这种观念假定存在着永恒的灵魂，以此来否定这样一个事实：随着人的生命的死去，人的一切化为乌有。

（3）人的潜能的实现与生命有限的矛盾

在弗洛姆看来，人的生命是有限的，这又导入另一种存在的矛盾：每个人都具有潜能，但短暂的人生经历中，潜能不可能完全得到实现，即使在最有利的环境中也是如此。"人的处境的悲剧性在于自我的发展永远不能完成……人总是在他还未充分诞生以前就死亡了。"只有在个人生命与整个人类一样长的情况下，他才能参与整个人类历史的发展过程。人的生命从诞生到死亡，在整个历史长河中只是一刹那，但人都希望能充分实现自己的潜能。为了调和或回避这种矛盾，人们往往想象死后可以继续从事未竟事业；或把自己所处的历史阶段看成最辉煌的历史时期，因而永存史册；或者认为一个人生命的意义，并不在于充分发挥其潜能，而在于为社会服务和尽责。个人的发展、自由和幸福，从属于国家、社会团体或其他超越个人发展永恒的实体，相比之下，个人的一切就显得微不足道了，似乎个人生命虽然短暂，但群体生命是永恒的，将短暂的个人生命奉献给永恒的群体本身就获得了永生或不朽。

个体化与孤独感的矛盾、生与死的矛盾、人的潜能的实现与生命之短暂的矛盾，这三种矛盾是相互关联的，对人不具有同等意义。死是一种自然现象，是人作为一种自然实体的必然结局；而对于死亡的意识、人实现潜能的愿望是人作为人、作为超越自然的实体所特有的。因而，生与死的矛盾、潜能的充分实现与生命之短暂的矛盾，归根结底是人作为自然实体又超越了自然所造成的，是个体化的必然结果。人之所以陷入存在矛盾之中，就在于人的理性的发展。"理性是人的福祉，又是人的祸根。"理性使人永无止境地去解决永远解决不了的矛盾。正是理性构成了人与其他有机体之间的区别，使人的存在处于一种永恒的不可避免的矛盾之中。

二、现代人的两难选择

弗洛姆所研究的现代人主要指产业革命以后的欧洲和美国人，有时也包括工业化以后的苏联人。他着重研究了资本主义社会不同时期、不同国家、不同阶级的人的共同性和特殊性，其中纳粹时期的德国和 20 世纪的美国是其研究的重点。他从资本主义的生产方式及其由生产方式决定的分配方式和生活方式，来分析现代人的处境。物质的生产方式，要解决的是人的生存问题，生产劳动是人的基本实践活动。正是由现代生产方式所决定的社会生活条件，造就了现代人的心理特点。

1. 古代社会：限制了人们的自由却使人们生活得安全

弗洛姆认为，古代社会的生产方式和社会关系能给人带来安全感，因为生产工具和劳动技能主要是从前辈那里继承下来的，革新和发展的过程是缓慢的，竞争也不激烈，人与人、个人与社会的关系是确定的。个人开始就是一个部落、一个家族、一个宗教团体的一员。也很少远离家乡，他总是隶属于一个整体，这个整体限制了他的发展，但使他感到安全。在奴隶社会和封建社会，主子与奴才、贵族与平民、剥削者与被剥削者，人一生下来就确定了，很难也很少改变。这样的社会限制了人的自由，却给人带来安全感。

中世纪正是这样一个社会。人一生下来就有一个确定的位置，他在社会中的角色是被规定好的，基本上不可能从一个阶级跨越到另一个阶级，从生活的地域来看，也很少有机会迁移到别的地方去居住，大多数人必须从生到死厮守在一个地方。穿什么、如何穿以及吃什么、如何吃，都有不成文的但又严格的规定。工匠必须按照一定的指定价格出售工艺品，农民必须在某一个指定的市场从事买卖。一个行会会员不得向非本行会的会员泄露生产技术的秘密，但必须让本行会的会友分享便宜买进的原材料。在这个社会里，没有个人自由，但个人有明确的、不可改变的和无可置疑的社会位置，这个位置给他带来安全感。

在中世纪，即使是生活的痛苦，也是由亚当或个人罪孽造成的，只要虔诚，就能得到上帝的宽恕和厚爱。教会向人们灌输罪恶感，同时又向每一个人保证：它无条件地施爱于所有的人。人与上帝的关系是一种信任与爱心的关系，而不是怀疑和恐惧的关系。正如那时候的人很少走出出生地一样，宇宙的范围也是有局限性的，并且是可知的。"地球是宇宙的中心，天堂和地狱是人死后的去处，人从生到死的所有活动都明显处在一种因果关系之中。"中世纪社会虽然束缚个人，但那是一种"美妙的束缚"。

在个人生命史中，也经历了这种由安全而不自由到独立、自由的转变。一个婴儿脱离母胎，呱呱落地，成为一个独立的生物个体。虽然这种同母亲的分离是人存在的开始，但是在功能上，婴儿在相当长的一个时期内仍然与母亲联系在一起，仍然是母亲的一部分，他仍然需要由母亲喂养、携带和照顾。这时的孩童心目中，父母和其他人还不是与自己完全分离的，他们是孩童世界的一部分。这时孩童没有独立和自由，却有安全感，无忧无虑。随着孩童的长大，就开始逐渐产生了独立与自由的要求。孩童在成长过程中，慢慢地开始知道，母亲、其他人以及其他东西都是与自己分离的个体。儿童在成长过程中，常常遇到许多禁令，父母禁止孩子完全按照自己的想法去活动，这就使得儿童在区分"你"与"我"的过程中逐渐产生了自我意识，感觉到了自己是个"个人"，儿童的年龄日增，他在身体、情绪和精神等方面日益成熟、统一、有力量。儿童越长大，脱离"原始关系"的程度就越大，于是就越加渴望自由与独立。个人变得日益自由，就可以发展和表现自我，而渐渐脱离原来那些关系对他的束缚。

无论是人类还是人类个体的发展都是从"原始关系"中脱离出来的过程，这个过程弗洛姆称之为"个人化"的过程，个人化的过程就是人类或个人争取独立与自由的过程。

2. 资本主义社会：人获得了自由但是却感到越来越不安全

到了中世纪的后期，社会结构和人的处境发生了变化。首先在意大利出现了一个强大的有产阶级，这个阶级的成员具有首创精神，同时也利欲熏心、野心勃勃。贵族和平民同住在城墙之内，出身和门第不那么重要了，封建等级制度动摇了。现代意义上的个人从此诞生了。人的命运不再像中世纪那样一成不变了，不再完全取决于出身了，一个人的社会地位充满了变数和不确定性，自己和他人的群体纽带不如中世纪那么紧密了，人们发现自己和他人都是"个人"，是一个个独立的整体。人与自然和谐的关系被打破了，自然成了人要征服的对象；由于人发现了自然的美，所以自然又是人享受快乐的对象。这极大地激励了人们去了解自然、征服自然，让自然为自己服务。

文艺复兴的文化只是富裕而有权力的上层阶级的文化，经济活动和财富使他们感到自由和快乐，但他们同时也失去了中世纪社会曾经给予他们的安全感和归属感，财富使他们更自由了，也更加孤独了。他们利用手中的权力和财富，从生活中挤压出最后的一点快乐，但为了得到这一点快乐，他们却残忍地利用了一切手段。为了统治广大人民群众和对付本阶级中的竞争者，从肉体折磨到精神摧残的各种手段，无所不用，一种新的专制主义伴随着新的个人主义同时产生了。自由与暴政、个性与混乱，不可分割地交织在一起。

为维护权力和财富而进行的你死我活的斗争，玷污了人与人之间的关系。人与人之间，至少是同一阶级的人之间的那种团结一致、休戚与共的气氛不见了。别人被视为只是可以利用或被操控的对象而已，如有必要就毫不留情地消灭之。个人完全被一种极端的自私自利之心和一种对权力和财富不足的贪心所驱使。

人的自我，像他人一样，也成了被操纵的对象，成了追求利益的工具。文艺复兴时期的资产阶级权贵们，再也不像他们自己吹嘘的那样既安全又幸福了。实际情况是，新的自由既给他们带来了力量，又使他们感到孤独和焦虑。我们在人文主义作家们的作品中，不难发现这种矛盾。他们极力强调人的尊严、个性和力量，但同时又流露出某种失望和不安全感。

伴随资本主义经济的发展，现代意义上的时间观念开始形成。自 16 世纪以来，纽伦堡的钟每隔一刻钟就敲一次，这是新的时间观念的一个标志。人们开始重视分钟的价值，开始把假日看成一种浪费。时间如此之宝贵，以至于人们普遍认为，不应该把时间花在毫无用处的事情上。"时间就是金钱"的观念开始形成。工作逐步有了至高无上的价值，一种对工作新的态度开始形成。这种态度如此强烈，以至于使中产阶级对不从事经济生产的教会机构也感到愤怒，乞丐也由于不从事生产而受到憎恶，并被看成是不道德的。讲效率成为一种最高尚的美德，追求财富和物质利益成为人们最痴心的嗜好。整个世界都围绕着做生意或最大限度地牟取利益而运转。科学研究和艺术创作成了无人问津的最低贱的职业。所有的聪明脑袋都在考虑如何做生意。经济的变革影响到每一个人，中世纪的社会制度瓦解了，它曾经给予每个人的那种稳定安全也随之消失了。个人在社会中不再有固定的位置，他变得孤立无依，每一件事情都得靠自己努力。

资本主义经济的发展对不同阶级产生了不同的影响，但对各个阶级都造成了程度不同的孤立和不安全感。对城市贫民、工人和学徒来说，这种发展给他们带来的是日益遭受的贫困和剥削；对农民来说，这种发展则使他们受到越来越重的经济压迫和人身压迫；对中下层贵族来说，这种发展使他们面临没落的命运。

中世纪社会的瓦解和资本主义的发展，对上述各个阶级来说，本质上使他们的处境越来越恶化。但对于城市中产阶级来说，情况要复杂得多。城市中产阶级内部分化日益加剧，他们中大部分人的处境每况愈下。许多手工业者和小商人面对垄断者和其他资本较雄厚的竞争者的强大势力，越来越难以维持自己的独立。中产阶级的另一些人则春风得意，他们赶上了处于上升时期的资本主义发展潮流。但是即使对这些幸运儿来说，随着资本市场以及竞争作用的日益增长，他们也被推到了一种不安全、孤立和焦虑的境地之中。

市场机制的建立加剧了人与人之间的竞争，虽然不能说中世纪完全没有竞争，但封建社会的经济是建立在合作原则的基础上的，而且用抑制竞争的原则来管理经济活动。资本主义的兴起，使这些中世纪的原则越来越不合时宜，并且很快让位于个人利益至上的原则。每个人都必须行动起来，去碰碰运气，要么游过河去，要么淹死在水中。同行中的其他人不会与你合作，因为你是他的竞争对手，你必须经常面对你死我活的残酷抉择。

以上所描述的是资本主义的兴起，给个人心理所造成的消极方面。但弗洛姆指出，资本主义的发展对个人的影响还有积极方面，这就是资本主义解放了个人，使它摆脱了大一统体制的限制，激励个人自强自立，自己去碰运气。人的命运掌握在自己手中，尽管面前充满了艰难，但成功之神在远方召唤着。

只要努力奋斗，就有可能成功。金钱面前人人平等，它比出身好门第更具有力量。

3. 现代社会：使人处在孤立无援的状态

要考察当代资本主义社会中人的处境，必须追溯到 15、16 世纪这一早期阶段，弗洛姆将这一时期的社会发展，特别是经济变革对人的影响，作了如下概括：随着资本主义的发展，个人摆脱了中世纪社会强加在个人身上的各种束缚，特别是经济和政治束缚，在新的制度中，个人可以积极地、独立地发挥作用，这些是自由带来的积极影响。但同时，个人摆脱这些束缚正是过去给人带来安全感和归属感的那些东西。世界不再限制人，相反还向人提供了广阔的活动天地；但这个世界充满了危险。个人受到强大的资本和市场力量的威胁，也受到了竞争对手的威胁。几乎所有的人都是潜在的竞争对手，人与人之间的关系变成了敌对和疏远的关系。人自由了，但这种自由同时意味着孤立、与他人相隔离并受到威胁。天堂永远地失去了，人不再生活在一个以人为中心的世界里。个人孤立地面对这个世界，就像一个人被抛弃在漫无边际的危险世界之中。

在考察了文艺复兴和宗教改革时期，即早期资本主义之后，弗洛姆沿着自由给人带来积极和消极两个方面的主题，进一步分析了成熟的资本主义时期人的处境和精神状态。弗洛姆首先肯定了资本主义的进步对人的发展产生的积极影响，自由竞争的经济制度为人的解放奠定了基础，个人不再受那种凝固的、不许越雷池一步的社会制度的束缚。社会允许个人、鼓励个人去获取经济利益，只要他努力、聪明、有勇气，就会有机遇。在激烈的竞争中，能否把握求生的机会，是你吃掉别人，还是别人吃掉你，全在你自己。在封建社会中，个人的发展在他出生前已经注定了；但在资本主义社会，个人尤其是中产阶级成员，尽管他也面临着许多限制，但他们可以凭借着自己的努力和能力，走向成功之路。当他确定了自己的奋斗目标，就可以全力以赴地去得到它，而且往往不乏良机，他知道如何依靠自己，如何作出决定，摈弃那些既令人陶醉又俱人恐惧的迷信。人类逐步摆脱了大自然的束缚，在很大程度上掌握了自然力。

古人做梦也没有想到的事，现在已变成了现实。人们相互之间变得平等了，种族、宗教的差别这些曾经造成人类不团结的天然隔阂，逐渐被打破。人们学会了相互尊重，能把别人当作人来对待。世界不再那么神秘了，人开始客观地看待自己，不再生活于各种幻觉之中。政治自由也在增长，发展中的中产阶级随着其经济地位的加强，政治上的权力也日趋强大，而这些已获得的政治权力反过来又为他们进一步发展经济提供了新的机会。政治自由发展的最大成果就是现代民主国家的建立，这种民主政治的宗旨就是人人平等，政府官员由人民自己选举产生，人人有权参与政事。任何人只要能兼顾国家的利益，都可以按照自己的意愿行事。总之，资本主义在提高人的主动性、判断力和责任心等方面，都做出了巨大的贡献。

但是以上所述仅仅是资本主义自由对人的影响的一个方面。另一方面，这种自由又使人更加孤立无助，俱个人充满生命之无意义和无足轻重之感。要明确这种消极影响，还是要从资本主义的经济制度中去寻找根源。这种制度的基本特征之一就是个人活动的原则，就是说它的经济发展建立在个人奋斗的基础上。个人完全自立，他要干什么，怎样干，是成功是失败，纯粹是他自己的事。这一原则促进了个体化的进程，人们常常把它看成现代文化得以发展的一个重要因素。但是，正是在这种使人获得自由的过程中，人与人之间的联系也日渐减少，从而使人与人之间相互隔绝、相互分离。个人在获得自由的同时却陷入了孤立无援的处境之中。

资本主义社会鼓励个人奋斗，给人造成了这样一种错觉：似乎每个人都在为自己的利益而奋斗，他所从事的一切都是为了自己，人已经成了一切活动的中心。但实际上，人们追求的仅仅是经济利益，经济、资本不是人的生命发展的手段，而是目的。经济活动偏离了为人的生命服务这一方向，人们为了经济本身（赢利）而从事经济活动。资本主义的一切经济活动都是为了赚钱，但赚钱主要不是供自己花费，而是将其转化为新的资本。赚钱—投资—赚更多的钱—投更多的资。如此循环往复。所以资本主义经济活动的目的是积累资本而不是为了人自己。然而，为了积累资本而工作的原则，尽管客观上对人类社会的进步意义重大，但从主体角度看，它使人为非人的目的而工作，使人成为自己制造的机器的奴仆，使人感到无能为力。因为他不能不如此，否则，就会破产。他别无选择，除了拼命赚钱，直到生命的最后一息。个人就像是大机器中的一个齿轮一样，其重要性决定于他的资本的多寡，资本多的就成为一个重要的齿轮，资本少的就无足轻重了。但无论重要与否，他毕竟只能永远作为一个为外在目的服务的齿轮而存在。人们在客观上将自己的生命奉献给了那些并不属于自己的目标，但在主观上还自以为是受自我利益所驱使的。人们在追求个人利益时可以把一切道德观念置之不理，但同时他们又宣称自己信奉新教所强调的无私精神。

弗洛姆还从人与自然、人与人、人与自我三方面的关系讨论了资本主义发展的消极影响。从人与自然的关系来看，人类逐步征服了大自然，人在统治自然的能力方面已达到了相当高的程度。但人在征服自然的过程中创造了一种新的物质世界，这一世界立在大自然之上，人生活于这一世界之中而与大自然越来越疏远。人建造了高楼，开设了工厂，发明了汽车，缝制了衣服，生产出了粮食和水果，但是这些人所制造的东西却反过来主宰了人。因为这些东西不受人的意志控制，而受经济规律控制。人用自己的双手创造的成果反过来成了他的上帝。社会的经济体系，从其运用科学技术方面来看，是越来越合理化了，但它所产生的社会效用越来越不合理。经济危机、失业和战争决定着人的命运。人似乎是受自我利益所驱使，可事实上他的整个自我已成了他亲手制造的机器的工具。人们沉溺于自己是世界的中枢这一幻觉之中，但仍被一种强烈的无意义和无能为力的感受所笼罩。

4. 资本主义社会的竞争：使人成为"可怜的现代人"

从人与人的关系来看，那种坦率的、富于人情味的关系越来越少见，取而代之的是相互利用和相互操纵。市场规律也统治着所有的社会关系和人际关系。很显然，竞争对手之间的关系必然建立在互不关心乃至相互漠视或敌对的基础上。一个人要想获得成功，就必须打击对方，必要时应毫不犹豫地将对方置于死地。雇主和雇员之间的关系同样充满了冷漠和敌对。雇主像"雇佣"一台机器一样雇佣一个人。为了实现各自的经济利益，他们彼此间互相利用，他们之间没有任何其他兴趣。商人和顾客的关系也不例外。在商人眼里，顾客只是一个被操纵的对象，商人只关心赚钱，对于顾客的需要能否得到满足这一问题不感兴趣。工作也又仅是手段，不是人的生命潜能的展现。工厂主对生产过程和产品本身毫无兴趣，生产只是为了赢利，什么有利可图，他就投资生产什么。不仅在经济活动中，而且在所有的社会生活中，人与人的关系实质上都变成了物与物的关系。

从人与自我的关系来看，情况更加糟糕。人不仅出卖商品，而且出卖他自己，他把自己也当作商品。体力劳动者出卖体力，商人、医生和职员则出卖"人格"。注意这里所说的人格不是指道德或尊严方面的含义，而是指一些人格特征。像其他商品一样，是市场在决定着这些人格特征的价值。一个人具有什么样的人格特征不是由其生活的逻辑决定，而是由市场来决定。现在时兴"热情开朗"，所以我也应给人以热情开朗的印象，否则我就很可能名落孙山。假如某人所具有的人格特质不被市场所接受，那他就会一无所有、分文不值，如同一件卖不出去的商品，虽然有使用价值，但没有价值。一个人要对自己的价值作出判断，就必须看自己在市场上是否获得成功，看自己受欢迎的程度如何，离开了这些，就无法确定自己的价值。如果他很吃得开，被人追逐和需要，那他还算得上是一个人，否则就等于世上没有他这个人。正因为一个人的自我确证依赖于这种"人格"的成功，所以"受人欢迎"对现代人具有特别重要的意义。个人不由自主地成为某种不可抗拒的强大外力手中的工具。

一个人的价值取决于强大的社会或他人的认可。作为个体，他是渺小的、孤独的、不安全的。要想克服这些消极的感受，他必须具备如下几个要素：财产、权力、名望。首先要有财产撑腰。对于那些中产阶级的成员，人的自我是被财产支撑着的，他的自我与他所拥有的财产是不可分割的。他的衣服和房子是他自我的组成部分，正如他的肉体是自我的组成部分一样。一旦失去了财产，人就不是他自己了。假如一个人一贫如洗，他就根本不是人，因为别人不会把他当人，他自己也没有把自己当人的理由。支撑自我的另外两个因素是权力和名望。有了权力就能统治他人，有了名望就能受人尊敬。有些人的权力和名望是由他们的财产带来的，有些人的权力和名望则是通过激烈的竞争取得胜利的产物。权力和名望巩固了财产所奠定的支柱，支撑着摇摇欲坠的自我，使个人在社会中自以为地位稳定。但这仅仅是一种对不安全感的补偿，它们并不能从根本上消除人的不安全感，只是把它暂时掩盖起来而已。它们只是使人自以为安全了，但一旦支撑它的那些因素不存在了，这种安全感也就随之消失，这就是"现代可怜人"的状况。

工人既没有财产，也没有名望和支配他人的权力，唯一能支撑自我的东西似乎是家庭，只有在家庭这个小天地里，他才感到自己像一个人。他受到妻子儿女的尊敬。在家里，他是中心人物。天然的家长地位使他获得了这种感受：在社会中他只是个无名小卒，但在家里他是一位皇帝。除此以外，民族优越感、阶级自豪感也能使他得到一种补偿。即使实际上他个人在这一民族中是无足轻重的一员，但由于在他看来自己的民族要比别的民族强大，他也会因为是其中的一员而感到骄傲。

5. 现代人的窘境：失去了安全的自由

在考察了自由资本主义时期个人"在自由中获益"和"在自由中受害"这两种互相矛盾的处境中的遭遇之后，弗洛姆把目光移向了当代世界。19世纪末期以来，随着垄断资本主义的兴起，自由对于个人的消极影响越来越大。如果说在这之前，个人"在自由中获益"与"在自由中受害"两个方面的分量还保持着一定程度的平衡的话，那么到了这一时期，自由的积极影响开始减少，而趋向削弱个体力量的因素大大增强。个体更加感到孤立无援。传统的束缚是越来越少了，个人感到前所未有的自由，但他取得经济成功的可能性也越来越小了。因为资本高度集中，一些小集团、社会的极少数人掌握着大量的资本，他们手中的权力既强大又神秘，他们统治着整个社会，操纵着社会大多数成员的命运。对于广大的中产阶级成员来说，个人的勇气、创造性和聪明才智得以成功发挥的可能性大大减少了。因为他们在经济上的独立性已荡然无存。他们受到威力无穷的垄断资本的威胁，尽管有可能继续获得利润，但由于这种威胁的阴影时刻笼罩在他们心头，所以他们不可避免地要经常遭受不安全感和无能为力之感的袭击。在庞大的垄断巨人面前，他简直不堪一击。

以中小商人为例，现在的中小商人的处境与以前的中小商人大不相同。人们经常用加油站老板为例来说明一种新型的中产阶级正在崛起。大部分加油站老板是独资经营的，他们拥有自己的商行，正如以前的杂货店商人拥有杂货店，制衣厂老板拥有自己的缝纫工厂。任新旧两种老板的差别又非常之大。杂货店老板必须具备做生意的技巧和一些必要的常识。他必须选择进哪一个批发商的货，必须识货；他必须了解众多顾客的需要，以便为顾客买东西时当好参谋。大体上说，旧式商人不仅要独立挑起经营的担子，还必须具备技巧、知识和活动能力。但现在的加油站老板的情形则大不一样。他只售一种货——汽油，只与石油公司和司机打交道，每天只是机械地重复同一种加油动作。他不需要具备那么多技巧、知识和活动能力。他的生命潜能难以发挥，因而感受不到自己是一个有力量的人。他的利润取决于两个因素：进出的油价和前来加油的司机数量。他对这两个因素几乎无法控制，他只不过是批发商和顾客之间的一个经手人而已。至于他是一个大的石油公司的雇员，或者是一个"独立经营"的老板，从心理反应上看，并无多大差别，他仅仅是庞大的销售机器上的一个零件而已。

另一种新崛起的中产阶级是白领工人，他们的人数随着企业的大型化而不断增加。他们的境况也大不同于以往的中小独立商。尽管他们的工作具有一定的创造性，也有发挥聪明才智获得成功的机会，但他从事的是非常专业化的工作，他必须与同行展开激烈的竞争，一旦落后了，就会被无情地解雇，所以他也没有安全感。他同样只是企业这台大机器上的一个零件，这台机器迫使他跟着运转，但他不能控制这台机器；与之相比，他显得极其渺小可怜。他没有独立性可言。

在政治生活中也是如此。在民主制度建立的初期，个人在各种制度的保障下直接、积极地参与投票，对某项决定或某个候选人是真正了解的。那时通常是在全镇居民大会上进行投票，投票人清清楚楚地看到自己的一票也计算了进去。现在，选民面临的是庞大的政党，这些党派就像庞大的工业组织一样既令人望而生畏又对人产生巨大影响。问题被搞得纷繁复杂，烦琐的投票手续又使人如堕云里雾中，使选民茫然不知所措。在竞选期间，选民还能见到那些候选人，但竞选日期一过，就连他们的影子也见不到。即使有两三个候选人，但这些候选人并非选民直接选定的，所以选民对候选人并不了解，他们之间的关系就像现代社会中的许多其他关系一样，是抽象的。政治鼓动所宣传的那些东西并不真正反映人民的要求，即使在民主国家里也是这样。面对着在政治宣传中所显示出的党派规模和权力，个人感到更加渺小和低微。所有这一切并不意味着广告宣传和政治鼓动公然贬低个人，恰恰相反，他们极力吹捧和恭维你，似乎很尊重你的判断能力和辨别能力，使你觉得飘飘然而心满意足。但这些仅仅是手段，是为了麻木人的怀疑精神。当然有些政党和候选人在宣传鼓动中也包含不少合理的内容，并不是所有的政党和候选人都不可信。

还有一些因素也加剧了个人的无助和无能之感。经济和政治内幕比过去更错综复杂和深不可测，个人越来越难以把握它们。失业也是一种威胁。对大多数人来说，害怕失业是一种难以承受的心理负担，人的一生都笼罩着可能失业的阴影，似乎只要有一个工作——不管是什么工作，就值得庆幸了。与失业的威胁相联系的是年龄老化的威胁，许多部门只招聘年轻人，因为年轻人更容易适应资方的需要。战争的威胁也十分可怕。现代战争的规模是空前的。自第一次世界大战以来，人人明白，一旦发生战争，造成的破坏是难以想象的，几乎人人有被毁灭的可能，战争已成了一个可怕的恶魔。

第 4 章

解析现代人的社会潜意识

　　人的社会化使人发生了异化，人类社会愈发达，人的社会化程度愈高，人的异化就愈严重。因为人在与自然、社会、他人、自己相分离的处境下，为了能够生存，为了避免受孤独和社会排斥，必须适应社会运行的规则。这时人必须付出代价，那就是被迫把自己的一些本能的欲望放到潜意识中去，如果不这样做，那么你就是异类，被排斥到主流的社会之外。

一、社会潜意识——人与社会适应的产物

1. 社会潜意识的概念

　　社会潜意识是弗洛伊德最重要的发现，他揭开了人类性格的心理秘密。弗洛姆则在弗洛伊德潜意识理论的基础上，进行了两个方面的改造，提出了社会潜意识的概念。一是弗洛姆把自己的察觉作为划分意识与潜意识的分界线。弗洛伊德把心理比作一座冰山，露在水面上的、能够被人看见的冰块是意识，

藏在水面下的冰块就是潜意识，它既不被别人发现，甚至自己也常常没有感觉到。潜意识是非理性存在的地方，那里存放的东西，都是见不得人的，而这些东西恰恰表现出人的本能。弗洛姆认为这种解释不对，"意识"和"潜意识"是人的一种主观状态，意识是觉察到的经验、感情、欲望等等，潜意识是没有觉察到的经验、感情、欲望等等。在弗洛姆看来，意识里也有许多非理性的、人的本能的欲望。二是弗洛姆认为人的潜意识实际上是社会潜意识。潜意识在弗洛伊德那里仅仅指的是个人潜意识，他在医治精神病人的时候发现，只有把病人（个人）的潜意识变为意识，使得潜意识的压抑得到解除，这个人的精神才能恢复正常。弗洛姆则认为，如果仅仅停留在对个人意识的研究，不可能达到解除心理压抑的目的。因为作为一个社会的人，任何压抑都不是孤立的、个别的，而是社会的，许多压力形成的方式都是共同的、社会的。只有分析社会潜意识，我们才能揭开个体潜意识产生的秘密。

社会潜意识是指一个社会的大多数成员共同存在着的被压抑的领域。弗洛姆说："当一个具有特殊矛盾的社会有效地发挥作用的时候，这些共同被压抑的因素正是该社会所不允许它的成员们意识到的内容。"在这里，弗洛姆强调的是，社会潜意识是在特定的社会中形成的，是人的经验中某个被社会压抑着的部分。

在弗洛姆看来，"在人类历史上，大部分社会（某些原始社会除外）都是少数人统治并剥削多数人。为了做到这一点，少数人一般都使用武力，但仅靠武力是不够的。从长远的观点来看，必须使多数人自愿地接受剥削，而这要成为可能，则大多数人心中必须充满各种谎言与虚伪，并以此来解释和证明接受少数人统治是合理的"。弗洛姆继续分析，"任何一种特定的社会中的不合理之处都必然会导致该社会的成员对自己的许多感觉和观察意识的压抑。一个社会越是不能代表全体成员的利益，这种必然性就越大"。'如果大多数人都彻底意识到自己被欺骗了这个事实的话，那么，就会产生这样一种怨恨，这种怨恨将会威胁现存的秩序。因此这种思想不得不遭到压抑，那些还没有意识到这一压抑过程中的人则陷入生命或自由的危险之中。"这就是说，作为上层建筑的意识形态，是一定经济地位和利益的反映，仅仅反映了占统治地位的利益集团的意识，并不是客观现实的真实反映。而对现实的真实反映则被压抑着，处于潜意识状态。弗洛姆就这样，把马克思的意识形态概念与弗洛伊德潜意识理论结合起来，创立了社会潜意识理论。

2. 社会潜意识是人对现实社会处境的一种适应

社会潜意识也是由社会存在决定的，具有深刻的社会根源。一个人在社会化过程中，首先学会了必须适应社会才能生存，压抑就是为了保持自己与社会的一致性，把自己的个性和自由隐藏起来，这样可以避免自己被社会孤立和排斥。人们恐惧是压抑的主要原因，即对排斥和失去同一性的恐惧，人压抑自己欲望是为了适应社会。

那么压抑是怎样进行的，或者说，压抑的机制是什么？弗洛姆认为，每一个社会都有一套决定人的认知方式的系统，这种系统就像一种过滤器，它是由三种要素组成：

一是语言。语言通过它的词汇、语法和句法，以特殊的方式来决定哪些经验能够进入我们的意识中。同样的经验和现象，在有的语言中有丰富的词汇来表达，而在另一种语言中，却难以用语言来表达，这种难以用语言表达的经验和现象就难以成为明确的意识。究竟什么样的经验容易成为意识，一种社会文化往往通过语言来筛选。那些容易用语言表达的经验，往往是社会允许人们意识到的。那些不容易用语言表达的经验，往往是社会不欢迎、不鼓励的，甚至是不允许的。

二是逻辑。逻辑在一定的文化中指导人们的思维，那些合乎逻辑的经验就容易成为意识，那些不符合逻辑的经验就会被排斥在意识之外。但是不同的文化有不同的逻辑，如亚里士多德的逻辑就不同于老子的逻辑，而且每一种文化中的逻辑，在该文化内都被看成是不可置疑的。比如，在西方文化中，占统治地位的、支配大众思维的逻辑是亚里士多德逻辑。这种逻辑由三个基本定律：同一律、矛盾律、排中律。亚里士多德明确指出，同一属性在同一情况下，只能属于同一主题，这是一切原理中最确实的原理。而这与中国人的思维逻辑相反，中国人更习惯于"白马非马"的悖论逻辑。中国人还有大量形容这种思维方式的语言，如"大智若愚""塞翁失马，焉知非福""对立统一"。在中国，这种逻辑被普遍接受，并成为中国人的一种生活态度，而在西方社会，同时体验到两种相互矛盾的东西，是极其荒谬的。

三是社会禁忌。每个社会都排斥某些思想和情绪，使之不被思考、感受和表达，有些事情不但不能做，甚至不能想。禁忌语言有着明显的社会和历史根源，它主要表现为人类语言灵物崇拜和语言禁用。在今天的文明社会里，如在竞争激烈的经济活动中，一个人即使对失败的竞争对手有几分同情，也往往会尽量回避承认这一点，因为去帮助对手很可能会使他东山再起，反过来置自己于死地。对对手的同情，就是这时必须压抑的心理。

3. 社会潜意识可以帮助人摆脱社会的排斥和恐惧

一个人感到的最大社会威胁就是来自社会的排斥和内心恐惧，因为社会不能容忍与其价值观不同的思想、经验存在，所以与社会不同的思想只能进入社会潜意识。人既害怕与世界分离，也害怕完全脱离人性。如果一个社会推行非人性的行为规范，那么无人性比社会排斥更可怕。这里所说的人性，就是人类共同的本性，如人之常情、良心和伦理道德等等。一个社会越人性化、人道化，社会与人性之间的冲突就越小，个人就无须在这两者之间进行选择。反之，个人就在这两种极端中被撕裂得越厉害。个人无从进行选择，人格就容易发生分裂。对受到社会排斥和被孤立的恐惧，是人产生压抑的心理基础。因为每个社会为了保持自己的一致性，都会用排斥来威胁那些与主流社会不同的人。而人的恐惧恰恰是惧怕孤立和排斥，一个人的人性得到了健全的发展，也就能够按照自己的理性和良心来思考和行动，也能容忍社会非斥。如果一个社会残酷地迫害那些按照自己理性和良心来思考和行动的成员，那么这个社会就会出现危机。

一个稳定和谐的社会，可以使社会潜意识变为社会意识而存在，使社会更加符合人性。当剥削和阶级冲突消失以后，健全的社会就不需要任何意识形态了，在一个充分人性化的社会里，人们再也不需要压抑自己的社会潜意识了。社会潜意识是一种联系经济基础和意识形态的中间环节。社会利用过滤器的压抑作用，将那些与该社会经济基础不相符合的思想排除在人的意识之外，而将那些与一定的经济基础相符合的思想上升为意识形态。这些意识形态反过来又加强压抑的过程，从而反作用于经济基础。人要想罢脱压抑，就要将那些与社会意识形态相冲突的思想存放在社会潜意识之中，这样就可以摆脱社会的排斥和恐惧。

二、社会潜意识——储存着社会真实的思想

1. 社会发展使人与社会意识形态的冲突加剧

20世纪资本主义经济发展得到了极大的提高，生产力的发展获得了巨大的空间，相反，新教的传播和禁欲主义的提倡，使得许多人在追求物欲享受的同时，思想、情感、欲望和行为都受到社会的禁止和压抑，特别是性压抑，使许多人出现了精神障碍。弗洛伊德的精神分析的诞生，就是当时的社会产物。弗洛伊德对人类的潜意识心理的揭示，也是对那个时代社会潜意识的揭示。

20世纪资本主义社会的大发展，与19世纪形成了鲜明的对比，人们仿佛冲破了清规戒律，似乎想干什么就干什么，不断追求毫无节制的高消费，包括毫无节制的性满足，思想好像没有什么精神压抑。但是消费社会的本质是压抑人性的，因为消费社会、生活和工作日益机械化的社会要迅速发展，必然要求人们在心理上和行为上保持相当的一致，社会对人们的这种要求不是通过外在权威的作用来强求一致的，而是潜移默化于日常生活之中，通过社会的行为规范、媒体传播和市场机制等

方式来实现的。社会在表面上鼓励个性的发展，而在另一方面却以隐蔽方式，使人们不得不与社会保持一致。这主要表现在，社会潜意识内容主要是受社会压抑的真实自我和对事物本质的认识等等，只有这样，一个人才能与他人保持一致，并在市场上取得成功。例如，现代人对异化劳动和工作是厌倦的、甚至是仇恨的体验往往是潜意识的，因为这样的体验是十分危险的，对一个人来说，厌倦工作会使人难以在工作上获得成功，人们不得不努力工作，获取更多的报酬，否则他就是一个失败者。现代人普遍感到生活毫无意义，对自己的所作所为也感到厌倦，难以找到适合自己的工作，思考自己喜欢的问题，甚至根本不知道自己适合做什么，只是盲目地忙忙碌碌，追求一种永远不可能实现的幸福和幻想。但是这一切是不能意识到的、不能去正视。因为一个人一旦清醒地意识到这些，他就不会再努力工作了。如果一个社会的每一个成员都意识到他们生活在幻想中，意识到自己受着某种意识形态的蒙蔽，那么，这个社会离崩溃就不远了。

有人以为，在一个发达的工业国家的人不存在任何压抑，其实这只是一种幻想，不是事实。这些国家也存在许多矛盾难以解决，不合理之处到处都是，而社会的管理者却千方百计地粉饰太平，用种种方式不让人民了解这些不合理、不公正的地方。弗洛姆说，当全世界成千上万的人民正在挨饿时，我们却花费成千上万的美元来储存农业的剩余物资；当武器被用来摧毁我们的文化的时候，我们却将国家预算的一半经费花费在武器制造上；当我们用基督教的善和无私这些教义来教育孩子的时候，却又为孩子准备了这样一种生活：为了获得成功，需要的恰恰是善的反面；两次世界大战，我们都是为着"自由和民主"而战，并以消灭了"自由的敌人"而结束两次战争；仅几年以后，我们又为了"自由和民主"而重新武装了起来。所不同的是，以前是自由的敌人，现在却成了自由的捍卫者，以前的同盟者，现在却成了敌人；我们一方面极力反对那些不能容忍言论自由和政治活动自由的制度，另一方面，如果我们与这些制度结成一个军事同盟的话，我们会说，这些制度或那些无情的制度是"热爱自由"的；一方面，我们的生活非常富有，另一方面，我们却没有欢乐；我们都是有文化的人，拥有无线电和电视，却长期感到厌烦……对于这一切又作何解释呢？我们可以继续花费更多的篇幅来描述西方社会生活方式的不合理之处、虚伪和矛盾。但是，所有这些不合理之处都被认为是理所当然的，几乎不被任何人注意到。

2. 社会意识形态在掩盖着事物的本质

现代人由于害怕认识事物的真相，宁愿接受关于世界虚假的说明，这些虚假的说明基本上是一个社会占主导地位的意识形态。所有这些意识形态通过父母、学校、教会、电影、电视、报纸从人的童年时就强加给人们，它们控制着人们的头脑，从表面看，这些结论似乎是人们自己思考和观察的结果，但无法改变对事实的压抑和对幻想的承认这一基本状况。

在弗洛姆看来，精神分析的"文饰作用"是对事实的一种合理化的、虚假的说明。犹如一个喜欢窥探他人隐私的人，却掩盖事实，宣称自己是为了维护道德规范。基督教的教义、谦卑的理想、兄弟般的友爱、正义、仁慈等等，这些曾经是真正的理想，曾经打动过人们的心，以致人们自愿为这些理想奉献自己的宝贵生命。但是，在整个历史中，这些理想却常常被人利用，使这些理想为相反的目的服务。

在弗洛姆看来，社会潜意识可以提高人对自身处境的认识。如果一个社会或一个阶级，在客观上不存在任何向好的方面变革的希望，那么，人们就会麻醉自己，宁愿相信谎言，宁愿生活在幻想中，因为对于真理的认识，只能使人感到更痛苦。相反，那些准备向更好的未来前进的社会或阶级，就更容易认识现实、面对真理。资产阶级在向贵族夺取政权的时候，就抛弃了过云的幻想，提出了对事实的新思想。因为他们不需要幻想而需要真理。当资产阶级牢固地巩固了自己的地位，压迫工人阶级和殖民地人民的时候，情况就完全不同了。这时的资产阶级成员拒绝认识现实，而新的阶级即无产阶级则更倾向于丢掉幻想、拥抱真理。因此可知，社会意识往往由占有统治地位的阶级空制，它们为了阶级统治的需要，则惯引意识形态掩盖事物的本质，因此，意识形态反映的内容常常是虚假的。

3. 社会潜意识可以帮助人摆脱社会的排斥和恐惧

长期压抑的社会潜意识需要宣泄出来，否则就会孕育着社会灾难，除了战争等大规模的群体破坏性行为，还有一些破坏性不大的宣泄方式，如各种各样的癫狂状态，原始部落的许多仪式，现在仍然保留下来的各民族的狂欢节。人在这种迷狂的状态中，头脑中的外部世界消失了，各种束缚人的规范解除了，人与世界，人与他人的分离感消失了，整个压抑解除了，平时不能说的话、不能唱的歌，现在可以纵情宣泄。许多原始部落的狂欢仪式还包含了性放纵的内容，性狂欢往往把狂欢的仪式推向高潮，使全体成员达到极度欢畅的境界。

由于狂欢状态是一种共享的方式，是一个部落、一个民族的共同实践，是为巫师、祭司或其他权威所赞成所要求的，因而是正当的、甚至是尽善尽美的，也就不会使人产生羞耻感或负罪感。平时被禁止的"坏事"，这时只要大家一起干，就是"好事"了。如果狂欢处于理智状态，那就不可能产生欢乐，人们在欢乐中的表现，必须是非理性的，才能产生情绪感染，而使狂欢达到高潮。

所有的狂欢仪式都有三个特征：它们是强烈的，甚至是狂暴的；它们发生在整个肉体和精神中，是一种灵与肉的高度统一和亢奋状态；它们是暂短的周期性的，狂欢之后，又进入单调的秩序井然的生活中。旧的压力释放了，新的压力又开始产生了，能量又重新积累起来，等待着下一个狂欢节的到来。

三、社会潜意识内在的表达方式——做梦

1. 荣格超越了弗洛伊德关于梦研究的成果

真正对做梦进行心理学研究的创始人是弗洛伊德，1900年，弗洛伊德发表了《梦的解释》一书，轰动了世界。他把做梦与人的心理联系起来，认为人做梦其实是人的本能和欲望的满足，特别是满足了人的性本能。在弗洛伊德看来，对人的性欲的满足主要分为两种形式：一是直截了当的满足，如梦见喝水、做爱等，这类梦无须分析，你可以很清楚知道它是什么意思；另一类梦是对性本能欲望的隐义，这是由于心中意识和道德观念的压抑，梦中的欲望满足方式往往只能象征性地表达出来，必须经过心理医生才能解开梦的内容。

在弗洛伊德看来，心理疾病往往是性压抑的结果，性本能

如果得不到满足，人的精神系统就会出现问题，精神病主要是由于性压抑造成的。在这个理论的指导下，弗洛伊德梦论开始对患有精神病的人进行治疗，而且取得了一定的成效。弗洛伊德第一次系统地以科学的态度解释梦产生的心理机制。但是他对梦的内容的理解过于狭隘了，因为他只关注梦中的性的内容，尤其是被压抑被遗忘的童年的性经验，梦就是去挖掘这些经验，但不是每个人的梦都是性压抑造成的。

首先突破弗洛伊德对梦研究的是荣格，荣格是弗洛伊德最有才华的弟子，他很早就认识到弗洛伊德的错误，并开始理论的超越。荣格与弗洛伊德的根本区别在于，弗洛伊德认为做梦是人被压抑的性欲的满足，荣格则认为做梦是人潜意识智慧的表现，而且潜意识比意识更具有洞察力。在荣格看来，人在睡眠中，精神上解除了压抑，潜意识的智慧得以施展。他举了自己的例子：第一次世界大战爆发前几个月，荣格在一次旅途的梦境中，突然被一种压倒一切的幻觉镇住了。他仿佛看见一场大洪水把北海和阿尔卑斯山之间所有的土地都淹没了。荣格写道："我意识到，一场可怕的大灾难正在发展中，我看见了滔天的黄色巨浪，漂浮着成千上万的尸体。我感到迷惑不解和心里作呕，同时又为自己无能为力而感到惭愧。"在随后的几个月内，荣格又多次梦见类似的恐怖场面，如冰川覆盖大地，冻死了所有的绿色植物。直到一次世界大战爆发，荣格猛然醒悟，原来那些梦是对大灾难的预言。

荣格对弗洛伊德梦的理论的另一个超越，就是梦与潜意识的关系。弗洛伊德主张从个人的经验中去寻找梦的意义。荣格不同意这种看法，他认为，不仅要从个人的经验中去寻找梦的意义，而且更重要的是从种族经验中去寻找梦的意义，这是更深层的挖掘。在这个理论的基础上，荣格创立了集体潜意识的概念。他认为，同一个族群的个体，有些共同的、不为个体自觉的经验，但这些经验会在梦中表现出来。集体潜意识是由一些原则构成，如人类有生而怕黑、怕蛇的倾向，这种倾向就可以视为原型，这是人类自古以来在黑暗中受到惊吓、或者遭到毒蛇咬伤的痛苦，世代相传的结果。在荣格看来，每一个人格中都包含一些异性特征，人格中的同性与异性有冲突、有和谐，从而构成人活动的动力之一，这也是做梦的动因之一。

例如，某青年男子梦见一个柔情似水的姑娘，并与之缠缠绵绵。用弗洛伊德的观点来看，这自然是性冲动的结果。而荣格则认为，这种梦应该从做梦者的整个心理状况去理解。做梦不仅代表着人所欲求的东西，而且象征着做梦者的人格特点。梦见温柔的女性，也可能意味着，这个男人希望将自己男性中的粗犷一面与女性温柔一面统一起来，不一定是做梦者对梦中人的性爱冲动。

又如，有一位女子，她的婚姻很不幸福，晚上经常梦见自己与男人们打架。荣格认为，这个女人的情绪处于温顺与好强之间，有时候，她充满柔情、对人体贴入微；有时自私尖刻、不容他人。这个梦表现出她人格的阿妮姆斯原型（女人的男性性格）与女性特征的冲突。她潜意识中的男性特征似乎成了异己的东西，她拼命地抗拒它、消灭它，这就导致了她内心的严重冲突。这种冲突使其憎恨男性特征，也使其不能与男性和谐相处。

总之，在荣格看来，梦是一种宗教现象，认为梦中的声音不是我们自己的，而是由超越我们更高的来源发出的声音，梦是比我们自己更伟大的智慧的启示。

2. 弗洛姆的梦论超越了弗洛伊德和荣格

弗洛姆对梦的解释超越了弗洛伊德和荣格，他认为，做梦是人天性的表现，他吸取了心理学的最新研究成果指出，梦是人在睡眠状态下各项心理活动有意义和重要的表现。它既表现人的"合理欲望"也表现人的"不合理欲望"，还能表现出人的理性与智慧。总之，在梦中，爱与理性、欲望与道德、邪恶与善良都能得到充分的表现。

一方面，弗洛姆继承了弗洛伊德对梦的分析以人类潜意识理论为基础，同时他不同意只将潜意识内容归结为性，而且压抑也不仅仅是性压抑，做梦绝不仅仅是性欲的满足。另一方面，弗洛姆同意荣格从社会的角度来理解潜意识，不能仅仅归结为性。特别是荣格关于潜意识中的智慧可能比意识更具有洞察力，从而将梦解释为潜意识智慧的表现。但是弗洛姆不同意荣格只用集体潜意识解释梦。即将梦归结为超越我们自身的祖先的启示，将集体潜意识看成种族经验遗传的结果。弗洛姆认为，潜意识中的智慧恰恰是我们自己头脑中真实存在的智慧，与祖先的遗传无关。这些智慧是由于压抑我们心理的现实处境造成的，是我们生活在其中的文化造成的，因而我们潜意识（梦）的内容往往是我们对自己现实处境的洞察，对我们生活的社会文化的洞察。

弗洛姆对梦的解释是以社会潜意识为基础的，他认为，一方面做梦是人的心理活动一个重要的组成部分。在他看来，我们清醒时，是活动的、有理智的人，但是我们的想象力受现实客观条件的限制，仅仅思考那些比较现实的问题，偶尔也会做白日梦，但是很快就清醒了。我们在不断提醒自己去追求奋斗的目标，并随时准备反抗别人的恶意攻击，保护好自身的安全。人的洞察力和敏感受到了极大的制约，各种现实问题的困扰，使人只能把精力集中到现实环境中去，人把破解现实问题的洞察力，放到潜意识中去。另一方面，人在睡眠状态下，在梦中，非理性的冲动可以逃避意识的检查，也就是说，冲破了各种社会禁忌，使清醒时被压抑的欲望，像脱缰的马，在大脑里自由驰骋、自由联想。因此，睡眠时的想象力比清醒时更自由。

弗洛姆的梦论是他心理学的基础，其核心理论就是，梦是人类特有的心理现象，梦突破了人在清醒时的思维逻辑、语言和社会禁忌对思维的约束，突破了各种"过滤器"对人思维的控制，使潜意识的心理内容得以实现。这种自由联想的梦境，大大提高了人在无压力下的智商和洞察力，人可以敏锐地察觉到白天无法深入思考的蛛丝马迹，并以特殊方式表达出来。梦既不是非理性的性欲的表现，也不是先天祖先的种族遗传的神秘经验，而是在一定的处境下、特别是一定的社会文化条件下受压抑的那些心理内容。

3. 弗洛姆梦的解析的基本理论

在弗洛姆看来，人在睡眠状态下，社会和环境对人的压抑机制松懈了，这时人在睡梦中往往比清醒时更有理智和智慧，更能够作出正确的判断，更懂得如何去表达感情。人在睡梦中可以写出绝妙的诗句，谱出优美的音乐，甚至可以发现科学原理。传说谢灵运名句"池塘生春草，园柳变鸣禽"就是他梦中所得；法国音乐家塔季尼（1692～1770）的《魔鬼之歌》是根据梦的回忆记录的；德国化学家凯库勒（1829～1896）是在梦中发现苯的分子结构的。当然，这绝不是说，梦中的内容都是在觉醒时禁止表达的，而是说，人在觉醒时，由于思想受到环境的压力，即使不被禁止的活动领域也活跃不起来。弗洛姆对梦的解释主要有以下几种理论：

(1) 看似无意却有意

在弗洛姆看来，人所有的梦都是有意义的，即使那些看似毫无意义的梦，如果认真分析一下，你也会发现其中的含义。例如，有一位年轻女子，一天早上，她对丈夫说："昨晚我做了一个梦，梦见早餐时我给你端来了草莓。"她丈夫笑道："你好像忘了，我最不爱吃的就是草莓。"

在一般人看来，这个梦毫无意义。但弗洛姆认为，她故意给她丈夫端上他不爱吃的东西，绝不是偶然的。这表明这个女子具有一种挫折性人格，专爱提供别人不喜欢的东西；也可能表明这对夫妻的婚姻潜伏着危机，冲突的原因是由于女子的个人性格，而她自己还没有觉察到；还有可能由于做梦之前一天，她与丈夫发生了不愉快，从而使她采取这种方式作出反应，以发泄自己的愤怒和不满情绪。总之，这个梦是有意义的。

(2) 满足权力欲的梦

有一位律师曾经做了这样一个梦：有一天，他"梦见自己骑着一匹白马，检阅着成群结队的士兵，他们朝我热烈地欢呼致敬"。事后，他认为这个梦"毫无意义！我很讨厌战争和军队，更不愿意当将军，也不喜欢成为众人瞩目的人物"。他还说："更有意思的是，我看见我在 14 岁时非常喜爱的图画。这是一张拿破仑画像，他骑在白马上，正在他的军队前奔驰，这与我梦中所见的非常相似。"

弗洛姆则认为，这个梦很有意义。他说，这个梦体现了梦者对名望和声誉的非理想满足，这种欲望是由于梦者自信心受到打击后而产生的反应。律师的确对军事不感兴趣，从来也没有想当将军。梦中的形象只是象征，或者是他的白日梦的继续。他梦中所用的象征是人们普遍使用的，骑在白马上为士兵所欢呼，这是象征荣耀、权力和受到敬仰。从他对拿破仑崇拜的联想，我们能够进一步理解这个象征意义，透视他的心理追求。假如没有这些联想，我们只能说他有成名和对权力方面的欲望，但是我们联系他对拿破仑的崇拜，以及他受屈辱的经历，我们就明白了这个梦是以前幻想的再现，它具有对挫折的补偿作用。

（3）噩梦

根据弗洛伊德的观点，噩梦、焦虑性的梦也是对理性欲望的满足。这个似乎不合常情：如果我梦见自己下地狱，恐惧万分而惊醒，醒来后也恐惧万分，怎么能说这是满足了欲望呢？欲望的满足应导致快乐才符合常情。

其实，人的本能有些是扭曲的，它们的满足不仅导致快乐，而且导致焦虑。因为这些欲望往往是由焦虑引起的，而满足的结果也是焦虑。例如，我们有时很想得到某个东西，明知得到以后会遭到别人憎恨，有的可能还要冒着受到社会的惩罚和自己良心的谴责，但是还是被欲望驱使着去做，以满足自己的这种欲望，而满足欲望的结果也是焦虑。噩梦似乎有这样的作用：我们的罪过已（在梦中）得到了惩罚，那么我们应该安心一些了，但这并不意味着消除了焦虑。

有一个年轻人做了这样一个梦："当我走过一片果园，从树上摘下一个苹果，这时跑过来一条大狗，朝我扑过来。我害怕极了，大声呼救，就醒过来了。"原来做梦前的当晚，梦者曾梦见一位少女并被她迷住了。那位少女也似乎在鼓励他、挑逗他。他幻想着与少女发生关系，逐渐睡着了。我们不必追究年轻人在梦中所感到的焦虑，是因为他良心受到谴责，或者可能是害怕舆论的谴责。基本的事实是，这个焦虑是愿望满足的结果，是由于他吃了偷来的苹果。

一位 45 岁的中年妇女，被严重的焦虑所苦恼。一天她描述了这样一个噩梦："我正在一座绿色的房子里，突然看见一条蛇要咬我。母亲站在我的身旁，正朝着我不怀好意地微笑着。然后她就走开了，一点也不想帮助我，我跑向门口，却发现那条蛇早已在那里挡住了去路。我十分恐惧地惊醒了。"

这位中年妇女出生在一个父母不和的家庭，由于她的出生，使母亲本打算离婚的愿望没有实现，因此，母亲憎恨她（梦者）。她长到 3 岁时，向父亲告状，父亲怀疑妻子有外遇，于是母亲就更加痛恨她（梦者）。这女孩越长大，就越想激怒母亲，而她母亲就越想惩罚女孩，甚至想毁灭她。女孩一生充满了不断反亢和对母亲的攻击。偏偏她的父亲十分怯懦，怕妻子，不敢帮助和支持女儿，这使得女儿长期生活在无助的焦虑中，无论在觉醒时、还是在睡眠时都经受着这种精神折磨。

弗洛姆人为，她从"绿房子"开始联想，这房子是她父母的财产。她常常独自一个人去那里，梦中的危险不是来自她母亲，而是来自蛇。这是什么意思呢？很明显，她内心很希望有一位母亲能够保护她，所以在梦中，母亲就站在她身边。然而，母亲却不怀好意地笑着走开了，暴露了母亲的真实嘴脸。她的幻想彻底毁灭了，于是她打算跑出门外，希望能够逃离，但是太迟了，出路已经被阻断，她只有绝望和恐惧。

在梦中，梦者经历了她白天被笼罩的同样的不安，而且更强烈地涉及母亲。这个梦是否体现了欲望的满足呢？从某种意义上讲，她有一种更重要的欲望，即报复，她要使父亲明白，他的妻子是邪恶的人，她希望她父亲把母亲赶走。这倒不是因为她很爱父亲，也不是始于童年的恋父情结，而是由于早年的挫折所产生的深刻的羞辱。她感到只有她母亲毁灭，她才能重建自己的骄傲和自信。

最有意义的梦是那些反复做的梦。据说，有人长达数年甚至从记事时候起，即反复做着同一个梦。这种梦往往体现了一个人一生的主题和基调，也是了解其神经症结或人格的关键。

有一位 15 岁的少女，从小生长在残酷的、毫无人性的环境中。父亲酗酒、粗暴，常常毒打她；母亲经常与别的男人私通；家中缺吃少穿，肮脏不堪。她从 10 岁起就想自杀，后来有五次自杀未遂。她说自从记事起，就常常做这样一个梦："我陷身于一个底坑，想爬上去，好不容易爬到坑边，双手抓住坑沿，可是有人走过来踩我的手，我只好松手，又掉回坑底。"

这个梦几乎不需要任何解释。它充分体现了这位少女的悲剧，她的遭遇和感受。如果这个梦只出现了一次，那么我们就断定它表达了梦者一度因特殊的困境而引起的恐惧。但它不断地出现，就说明这个梦体现了这位少女的人生主题。梦中表现了一种深刻而持久的感觉，使我们得以理解为什么她一次又一次地想自杀。

(4) 洞察人生的梦

弗洛姆认为，人在清醒时，虽然是能动的，积极思考问题，确定行动目标，制定行动方案和付诸行动。但是还有另一面，由于各种现实利益的考虑，人们常常会自觉不自觉地戴上假面具，在不知不觉中，习惯生活在谎言和假象之中，生活在互相猜忌或憎恨之中。而我们的正确判断和爱的感情却受到压抑，我们常常不知道自己真实的自我。所以，在觉醒状态下，我们虽然是清醒的，但从另一个角度看，我们又是糊涂的、迷茫的。

人在睡眠以后，大脑依然活跃，表现方式就是做梦，这时的梦境是不合逻辑的思考，有些内容离奇古怪。然而正是这样的梦境，又创造出一些奇迹，因为在睡眠状态下，我们的思维是自由的，不再受现实利益的影响，不再被压抑，不再被各种谎言干扰，有可能做出正确的判断。也就是说，我们在做梦的时候，有可能比清醒时表现得更为理智。做梦是大脑在没有任何干扰下的思考，是一种在睡眠状态下，让思维自由思考，会表现出更机智的洞察力。

例如，一位男子去拜访一位声名显赫的要人×先生，这位要人一向被人称颂为智慧和仁慈的人。他与×先生待了一个小时，深深被老人的形象所感动，并且有一种有幸结识一位伟大而仁慈的人物的喜悦心情。可是没想到，当天晚上，他做了这样一个梦："我看到×先生，他的脸与白天所见的非常不同。我看到的是一张显得严厉而残酷的面孔。他正哈哈大笑地告诉别人说，他刚刚欺负了一个可怜的寡妇，使她失去了最后的几分钱。这种景象，使我感到惊讶和意外。"

在分析这个梦时，梦者回忆：那天他走进×先生的房间，第一眼看到他的脸时，大脑掠过一丝失望，但当×先生热情而友好地谈话时，这种失望之感很快就消失了。做梦之后，他又与×先生见了几次面，开始留意观察×先生，发现这个人身上确实有他在梦中所见的那种残酷无情的特点，并且被×先生生活中一些事实所证实，虽然不像梦中的那么露骨。

弗洛姆说，梦者对×先生的人格的洞察力，在睡眠中比在觉醒时更为敏锐和透彻。公众意见"喧嚷"×先生是个伟大仁慈的人，这种喧嚷妨碍了我们在清醒时对×先生的批判性的判断。正是他的这个梦，使他抓住了瞬间对×先生的印象，在梦中，他排除了各种干扰，把自己瞬间感受再一次进行梳理，作出了比清醒时更为准确的判断。如果没有以后的事实印证梦中的判断，这个梦可能是由于他嫉妒×先生的感受，这就是一个非理性的梦。没有任何证据表明梦者是个好嫉妒的人，他也没有任何理由憎恨和敌视×先生，因此，这个梦是一种表现理智的梦，而不是表现欲望的梦。

表现理智的梦还有一种情形是梦中形成某种"合理的预见"。有一次，A与B俩人见面，讨论彼此事业上的合作，A对B的印象深刻而良好，因此决定把B当作自己事业上的合作伙伴。见面后的当天晚上，A做了如下的梦："我看见B坐在我们合用的办公桌里，查阅账本，并篡改账本上的一些数字，以便掩盖他挪用大量公款的事实。"

A醒过来，由于他一向看重做梦的意义，并把梦看成是非理性欲望的表现，于是他对自己说，这个梦不过是表现了自己对别人的敌意以及与人竞争的欲望，正是这种敌意和欲望使他幻想B是个盗用公款的贼，于是他试图驱散这种疑心。他与B合作共事以后，由于一连串事情的发生，使A的疑心又起，但他坚持自己对那个梦的结论，不去调查那些使他生疑的事情。可是一年以后，A果然发现B擅自涂改账目、侵占大量公款的行为，他当初的梦境几乎完全成为现实。

A的梦表现了他在初次见面时对B的洞察力，但他在清醒时的思维中却未能觉察到。人往往能够在短时间内对他人作深刻而复杂的观察，但是不能察觉自己的思维过程。A看出B是不忠诚的人，但是他的意识未觉察到，在梦中却有所显示，只是没有方法"证实"，他只能压抑自己的梦中判断。如果他能够进行自我交流，相信自己的梦中事实，把梦中遇到的情景认真反思，就会避免许多麻烦。然而，十分遗憾，A把梦中的情景当作不合理的欲望表现，使他误解梦的真实意义，甚至误解后来观察到的事实，直到真相大白，他才清醒过来。

由于做梦是人的潜意识在表现，所以，有的梦虽然表现了对自我人生的洞察，但同时也包含着情绪宣泄或欲望满足的成分。例如，一位24岁的医生，做过如下的梦："我正在目击一项实验。有一个人被变成一块石头，然后一位女雕刻家又把这块石头雕成一尊石像。突然石像变成了活人，并很生气地走向女雕刻家。我很恐惧地看着，看见他杀死了那个女雕刻家。他接着转向我，我想如果我能够使他走进我父母所在的卧室里，我就安全了。于是我与他捉迷藏，并成功地使他走进父母的卧室，我的父母与他们的一些朋友坐在那里。但是当他们看见我为生命而奋斗时，却一点不关心。我想：哼，早就知道他们根本不关心我，我胜利地微笑着。"

这位年轻医生，生活单调而刻板，完全在他母亲的控制之下。他从不主动地表达自己的思想感受，只是尽职尽责地工作。由于他循规蹈矩，所以他受人欢迎。但是他自己感到十分疲倦、沮丧，并且觉得生活没有意义。他凡事都服从母亲，做母亲所期望的事情，很少有自己的生活。他母亲鼓励他约女孩子出去玩，可是他对所有的女孩子都吹毛求疵。有一次，当他母亲比平时要求他更多时，他对母亲发了脾气，他母亲说自己受到了伤害，批评他如何不知道感恩。结果他深感懊悔并且更加服从母亲。做这个梦的头一天，他曾经在地铁站等车，看见三个与自己同龄的人站在站台上交谈，这几个人好像是会计。从整个谈话可以看出，这三个人是规规矩矩而内心空虚的小人物，他们的生命被老板和商店的琐碎事务所吞噬。这位医生望着这些人，突然感到很震惊，他想："那就是我，那就是我的一生！"当晚他就做了那个梦。

根据以上背景，弗泽姆对这个梦进行了分析。梦者在梦中看见一个人变成了石头，是指他自己变成石头，不能感受事物，也没有自己的思想，他觉得自己已经死了。一个女人把那石头又雕成一座石像，这象征母亲把他变为没有生命的石像，以便完全被她所占有。他虽然在清醒的生活中，有时候也抱怨母亲的命令和要求，但从来不清楚他如何被母亲所塑造，毫无疑问，这个梦比他清醒生活中对自己处境了解要清楚得多。在梦中，做梦者以两种角色出现：他既是事件发生的旁观者，又是那尊石像。然后，石头人变活了，并在极端愤怒中杀死了女雕刻家。这是他被母亲压抑的情绪的宣泄。这个"我"（石像，深层的我）的愤怒引起了另一个"我"（梦中的旁观者，浅层的我）的恐惧。他害怕深层"我"的愤怒，因此否认那是自己，认为那是别人，是石像变成的人，这样那愤怒也就不是他自己的了。他与那石头人捉迷藏，并乘机将其引到他父母处，这样，那个旁观者、那个觉醒状态下的我，就感到安全了。

梦中石像对女雕刻家的愤怒，也就是梦者对母亲的愤怒，这种愤怒是由于对母亲的屈从和自己无法独立自主引起的。他母亲喜欢统治人，从他幼年开始就必须一切听从母亲的教诲，不能有一点反抗，直到成年以后，他丧失了任何的反抗能力，他的任何不满和愤怒只能压抑在心里。假如他清醒时能够认识到这一点，并且敢于表达，那他就开始了健康的反叛，使他走向成熟和自由。这个目标一旦达到，愤怒就会消气，进而对母亲就会产生谅解。这种愤怒是他走向健全发展的必要步骤，因此这个梦中的欲望满足使他进步成长，而不是某些非理性欲望的满足使人退化。

以上例证，说明人在梦中可以获得比清醒时更为透彻的认识，也可以满足被压抑的欲望。但这种认识或满足往往是以象征的形象表达的，需要通过梦的分析，将梦的象征与梦者的处境和经验联系起来分析，才能真正理解梦的意义，使其有利于走向健康的人生。尽管梦属于个体心理现象，但分析个体的梦，无疑有助于深入了解一个时代、一种文化的社会心理。要深入研究现代人，也应重视研究生活于现代社会中人的梦。因此，可将弗洛姆的梦论视为其社会潜意识理论的有机组成部分。

第 5 章

现代人进入幸福生活的路径

弗洛姆深刻批判了现代资本主义的社会弊病，把社会病理学和弗洛伊德的个人病理学结合起来，站在人本主义社会和个人的心理健康视角下，分析批判资本主义社会，寻找现代人幸福生活的出路。

一、适应与改造社会才能保持健康的心理

1. 现代社会的心理健康标准：具有独立的人格

在一般人看来，凡是适应社会的人就是心理健康的人。按照这个逻辑，不论生活在什么社会，只要适应社会生活，就是健康的人。但是弗洛姆却认为，适应在资本主义社会生活的人就是病态的人。他说："在异化世界范畴中被看作是健康的人，从人本主义的观点来看，就可能是病入膏肓的人。"而那些被异化社会视为病态的人反而是最健康的人。弗洛姆在临终前最后的谈话，就是以《病人是最健康的人》为题发表的。当然，

弗洛姆这里是从社会批判的角度而言，强调要改造资本主义社会，而不是从心理病理学的角度谈人的病态，他说"病人最健康"是一种极端的愤世嫉俗的论断，宣泄对当代资本主义社会的极度不满。

在资本主义社会，有两种病态人格：一种是适应社会很好的人，如成功的剥削性格和市场投机性格的人，他们在现代病态社会如鱼得水，用种种手段捞取金钱、地位、权力和荣誉，可是失去了爱和理性，失去了作为一个人的生命的丰富性、创造性和独立性，这种人是不健康的，他们自己往往感到厌倦、空虚，感到什么都不缺，就是缺乏发自内心的快乐和蓬勃向上的生命力，这就是不健康的证明；另一种是适应不好的人，如那些典型的接受性格或破坏性格的人，或者被动、依赖、受制于人，或者攻击、破坏、与外界格格不入，这类退缩的或极端反社会（只是破坏而不寻求建设之道，造反而不建设）的人，显然是不健康的。因此，适应太好和适应不好都是不健康的。这里的问题在于，适应不是心理健康唯一的标准，适应只是心理健康的一个基本条件。较为完整的心理健康的概念是，在一定适应基础上谋求成长和发展，并增进自我与他人的爱和理性的充分实现。

按照弗洛姆的理论，真正健康的人是具有原创性性格的人，是热爱生命、热爱他人、并保持自我独立性的人，是以生命的存在来决定其生活方式的人。心理健康的人能够去爱和创造，能够摆脱对家庭和自身的依恋，能够正确地看待客观世界和自己所处的位置。生命的目的就是热烈地拥抱生活，人活着就要摆脱婴儿式的自以为是，坚信自己真实而有限的力量。要接受这样一个客观的悖论：我们每个人都是宇宙最重要的存在物，同时又与一只蚊虫或一株小草的价值差不多。心理健康的人热爱生命，又能无所畏惧地面对死亡；他能够承受人类生存中许多重大问题的不确定性，又能坚信自己的思想和感情。心理健康的人能够独立自处，同时也能与被爱者共同生活，与地球的人类和生物成为一本；他遵从良心的呼声，遵从回到我们身边的呼声，当良心和呼声不能为人们所听见和遵从，他也不会陷入自我怨恨中而不能自拔。心理健康的人是能够用爱、理性和信念去生活的人，是尊重自己和他人生命的人。

人虽然能够适应许多不同社会环境，但生活在不健全的社会又造成了人的心理疾病，这本身就是人的自然天性对病态社会的一种反抗。因而一方面社会经济结构塑造了人，另一方面人的天性又有一种力量反过来改造社会环境。因此，面对社会，个人的两大使命是适应和改造，这也是心理健康的两大基本内涵。只讲适应不讲改造，那是市侩；只讲改造不讲适应，那是疯子。

2. 道德健康的标准：人本伦理

弗洛姆认为有两种伦理体系：一种是极权伦理，一种是人本伦理。这两种伦理体系的标准是不同的。极权伦理是与不合理的权力结合的，不合理的权力是以统治人民为出发点的，是以一方统治另一方为基础的，这种统治是严禁任何批评的；人本伦理是与合理的权力结合的，合理的权力是以拥有权力者和受权力约束双方的平等为基础的，合理的权力不但允许、而且需要受权力约束的人的检查和批评。

在极权伦理中，拥有权力者为了自身的利益，规定"服从是最佳的德性，而不服从则是最大的罪行"。对于拥有权力者及其所制订的规则发生怀疑和反抗，是不可饶恕的罪行。在形式上，人本伦理所根据的原则是只是人本身才能决定善恶的标准，而不是凌驾于人之上的权力来决定；在事实上，它把对人有好处的叫作"善"，把对人有害处的叫作"恶"，人的幸福是伦理价值的唯一标准。

人本伦理是以人为中心的，人本主义的立场是没有任何事物比人的存在更高、更尊严。弗洛姆认为这种立场不是要把人引向自私，而是要把人引向爱己。可是在现代文化中，却盛行对自私的禁忌，认为自私是罪恶，爱人是美德。并且把自私与爱己看成是一样的，认为爱人是美德，爱己是罪恶。

长期以来，人们把爱己与爱人对立起来，仿佛水火不相容。这种观念已经普遍流传到神学、哲学之中，成为家庭、学校、电影、书刊中广泛传播的思想。这一思想还表现在弗洛伊德的精神分析学说中。弗洛伊德认为，每个人都有一定的心理能量的力比多，在婴儿时期人的力比多都以自身为目标，弗洛伊德把这个时期称之为"初期自恋"。在个人成长时期，力比多的对象便由自身转变到其他目标。如果在转移目标中受到阻碍，力比多便从这些目标退回到自己身上来，叫"第二期自恋"。依照这种理论，如果一个人对外界的爱越多，则对自己的爱越少，反过来，对外界的爱越少，则对自己的爱越多。

弗洛姆不同意长期以来形成的这些传统观点，与此相反，他认为，爱人与爱己不是不相容的，而是不可分割地联系在一起的。他说，如果我爱我的邻居是一项美德，则爱我自己必然也是美德，而非罪恶，因为我也是人类。没有一种认为我自己不属于人类的观念。弗洛姆说："《圣经》中所说，'爱邻如爱自己’，就意味着尊重自己的人格的完整性及独立性，意味着对自己的爱和了解，这与对他人的爱和了解是不可分割的。”

自爱是最高的价值。自爱首先是爱己，同时也是爱他。自爱的爱在爱己与爱他的程度上是相等的，都在于努力使被爱者得以成长和幸福。因而它是一种真正的爱。并非每个人都能做到自爱，自爱是一种能力，是生产性的展现。弗洛姆在主张自爱的同时，特别强调它与自私的区别。他认为，以往人们把自爱与自私混为一谈并同声加以谴责，这是莫大的误解。自爱与自私是根本不同、截然对立的。自私者不懂得爱他人，只知从自己的利害得失出发关心自己，这是因为他们缺乏爱的能力，不能爱他人，只好把对他人爱的能量转向自己。而一个不懂得爱他人的人，也是不会真正地爱自己，他对自己的过分关心只是用一种不成功的企图掩盖和补偿自我关心的失败，实际上，他憎恨自己。至于爱己是不是美德，弗洛姆对此持充分肯定的态度。只要把爱他看作美德，爱己必然也是一种美德，因为，我也是一个人，同样是爱的对象。所以，爱己与爱他不但不矛盾，而且相互连接。如果说不爱他人的人也不会爱自己，那么连自己都不爱的人同样不会爱他人。

弗洛姆认为，爱己与自私相反，爱己是关注自己，充分发挥自己身上的潜能，发挥自己的创造性，发挥自己的能力。他说，现代文化的堕落，并不是由于人们的爱己，而是由于他们不爱自己，他们丧失了自尊心。为了改变这种社会，必须大力提倡人本伦理。“人本主义伦理学的最高价值不是无我，也不是自私，而是爱己；不是否定个人，而是肯定真正的自我。”因此，道德健康的标准就是人本伦理。

3. 逃避自由：不能使人们获得幸福

弗洛姆认为，中世纪封闭的社会制度使个人处于固定的社会地位，那时的人虽然是安全的，却毫无自由可言。资本主义社会则为现代人实现自由提供了条件，增强了个人获得自由的能力。资本主义社会的政治经济制度使个人不再受制于僵化的社会体制。通过努力与奋斗，个人不仅能改变自己的社会地位，而且能使自己在更广泛的领域得到更全面的发展。

然而，资本主义社会在使人获得自由的同时，又使人变得孤独、彷徨，充满无足轻重和软弱无力感。资本是资本主义社会中主宰一切的中心：个人从事经济活动的目的是赢利；赢利的目的是为了投资并积累更多的资本。资本的不断增加固然有利于人类社会的进步与发展，却使人沦为经济生产的工具和奴仆。因此，无论资本家还是雇佣工人，在社会大机器面前，他们都显得软弱无助、不自由。资本家只不过是这架机器上的大齿轮，工人则是无关紧要的小齿轮。资本主义生产方式使人发展了个性，但同时又使人孤独无援；它们增加了人的自由，但同时在独立自由的背后，隐藏着深深的孤独与不自由，这就是现代资本主义社会中所有人的共同遭遇。自由对于现代人而言，已经成了不堪忍受的负担。为了摆脱孤独无助的状态，个体常常选择向后倒退——逃避自由。

逃避自由就是要逃避资本主义生产方式所带来的负面效应，也就是逃避个体的软弱无力感和精神上的孤独。弗洛姆认为，有三种典型的逃避自由的途径。一是极权主义方式。为了摆脱孤独、获得已经丧失的力量，放弃个人的独立性和个性的完整性，通过控制他人、屈从或依赖权威的保护，来解除孤独感、获得安全感。这种逃避自由的途径，实际上是个人用一种新的枷锁来代替业已摆脱了的原始约束，使自己重新陷入不自由的状态。二是破坏性行为。破坏性行为的目的也是为了消除无力感、孤独感的折磨。但是，破坏性行为是通过消除某种外在威胁来增强自己的力量，从而获得安全感。三是机械地自动适应。这是大多数正常人解决孤独问题的办法。个人完全接受社会文化赋予他的那些特征，按外界的要求行为处世，以放弃个性、成为机器人作为代价，自动地与他人保持一致，来消除"我"与世界的矛盾，使自己不再孤独、忧虑与软弱无力。这就好像给自己涂上了一层保护色，通过磨灭自己的个性，从而与周围环境保持协调一致。

这三种适应的结果是，丧失自我或用一个虚幻的自我来代替真实的自我，个人对自己的身份产生深切的怀疑，反而更加觉得无助与不安。采用逃避自由的方式来摆脱精神孤独的痛苦，完全是出于无奈，是走投无路之下的权宜之计。它对个人具有强制性，但身处其中的个人并没有意识到这种强迫，反而以为自己是自觉自愿的。实际上，个人并不能通过这种逃避来恢复已经失去的安全感，只能使自己不由自主地又套上了新的枷锁。原始的束缚还可以给人以安全感，而这种新的枷锁却使人忘记自己是一个独立的个体。他牺牲了自己的个性与自我的完整性，所换来的只是不堪一击的安全感。用这种方式来解除孤独，只能暂时缓解忧虑不安的情绪，并不能从根本上解决问题，也不能给人带来真正的幸福。

4. 爱与创造：实现积极自由的方式

弗洛姆认为，逃避自由不是现代人摆脱困境的出路，实现积极的自由才是解决孤独问题的最佳方式。积极自由的获得有赖于人的自发性活动。自发性活动泛指创造性活动，是自我的自由活动，即完全出于个人自由意志的活动。它是使人把自己与自然世界、与他人再度联系起来，克服孤独的恐惧，同时又使其自我的完整性不受损害、重获自由的唯一途径，具体表现在"爱"与"创造性工作"两个方面。

爱的目的是使对象获得幸福、发展和自由。爱是这样一种心理准备状态：原则上，它能把所有他人、他物都包容在我们之中，真正的爱，作为人的主要特性的体现，包含着对被爱者的肯定。弗洛姆所说的"爱"有别于人们通常的理解，它不是将自己与他人融为一体，也不是占有他人，而是自发地肯定他人，在保留个人自我的基础上，使自己与他人联系在一起，以此来满足与他人统一、远离孤独的需要，同时又不磨灭人的个性。弗洛姆把"爱"看作使人保持独立而不感到孤独的良方，是现代人摆脱自由困境的关键。

创造性工作是指个人与自然相互沟通，使人与自然合二为一的创造性活动。通过这种工作，个人可以肯定自我，同时个人与自然、他人联结成一个有机的整体，从而使自由所固有的基本矛盾，即追求自由与体验孤独之间的矛盾得以消解，重新获得安全感。这种安全感与个人未获得自由前的那种安全感不同，它不必依赖于外界较高权威的保护，而是依赖于个人已经强大起来的自我。

此外，解决现代人的自由危机、实现积极的自由时，还要有一定的社会条件相配合，如政治上实现高度民主，政府由人民选举产生，等。弗洛姆认为，在一个社会中，当个人的发展与幸福成为文化的目标，个人不必屈服于外在权威或受其利用，只有个人拥有真正的良知和理想时，真正的自由才能成为现实。在人类发展史上，上述目标一直没有实现，资本主义社会也无法真正帮助人们解除孤独感。弗洛姆的理想是，建立一个以计划经济制度为主要特征的民主社会主义国家，这样才有可能实现真正的自由。在分析"自由"问题时，尽管弗洛姆也曾涉及社会政治、经济等因素，但他的分析依然侧重于心理学层面。

二、现代人只有改造外部世界才能寻找幸福生活的路径

1. 弗洛姆的理想社会

弗洛姆继承了人本主义的传统，他认为，这种传统正是人性中不断促进社会进步的力量，并提出了一套社会改革理论，从促进人的心理健康入手，对整个外部世界进行改造。

弗洛姆理想中的健全社会是"人道主义的民主社会主义"，他认为，这个社会是在资本主义已经取得成就的基础上，并为克服资本主义的和苏联模式的弊端而建立的。他说："西方和东方绝大多数社会主义者基本上都对社会主义作了资本主义的解释。"因为他们认为"社会主义是在资本主义范围内改善经济和社会政治状况的一场运动；他们认为，生产资料的社会主义化，加之福利国家的原则乃是衡量一个社会主义社会的充足原则，这种类型的'社会主义'的原则基本上与资本主义的原则是相同的：最大的经济利益，规模巨大的官僚工业机构以及在这个既官僚又具有经济收效大的体系中个人的绝对服从。"

弗洛姆说："马克思主义的目的在于建设一个超越资本主

义社会的人道主义"，"这个人道主义的社会既不同于苏联的共产主义，又不同于资本主义"，也不同于以瑞典为代表的"全面福利官僚主义"。

那么，弗洛姆心中的理想社会是什么样的呢？

首先，在一个健全的社会中，任何人都不是别人达到目的的手段，他具有自己的生活目的。因此，没有人被别人当作手段，也没有人把自己当作手段，人活着是为了展现他身上的人性力量。在这种社会中，人是中心，一切经济的和政治的活动都要服从于人的成长这一目的；在一个健全的社会中，诸如贪婪、剥削、占有和自恋这些品质，都不再被用来获得更多的财富和提高个人的名声。按良心行事被看作是人的最基本品质，机会主义和纪律松懈则被人鄙视。每个人都在关心社会事务，把社会的事情当作自己的事情来办；在一个健全的社会中，每个人都可以在自己认识的范围内去活动，成为社会活动的积极参与者，成为自己生活的主人。这种社会促进人与人的团结，允许并鼓励社会成员彼此友爱相处。健全的社会促进每个人在其工作中发挥创造性，激发理想的发展，使人能够在共同的艺术和仪式中表现自己的内心需要。

为了实现这样一个健全的理想社会，必须进行社会的经济、政治和文化心理等各个领域的变革。只有当工业和政治体制、精神和哲学方向、社会结构和文化活动同时发生变革，社会才能达到健全和心理健康。这里弗洛姆特别强调指出，只注重一个领域的变化而排除或忽视其他领域的变化，对整体的变化是有害的。历史上这方面的教训很多，如，基督教宣扬人的精神更新，忽视社会制度的变革，其结果是，由于没有社会制度的变革，精神更新对大多数人是不起作用的。启蒙时代提出，独立判断和理性是最高准则，它倡导政治平等，却没有看到如果社会经济体制不同时发生根本变化，政治平等就不可能实现人类的友爱。社会主义、尤其是马克思主义强调经济社会变革，却忽视了人内心变化的必要性，而没有人内心的变化，经济变革就不会导致"美好的社会"。

弗洛姆认为，过去两千多年来的这些伟大的改革运动，都只着重生活的一个方面，忽略了其他方面，他们提出的建议都是激进的，结果都以失败告终。福音的宣传导致了天主教会的建立；18 世纪理性主义的宣传造就了罗伯斯庇尔和拿破仑的出现；马克思主义理论产生了斯大林主义。虽然这些不是他们预先设计的，并在发展过程中产生了异化，但其结果都是必然的，不以人们的意志为转移。人是一个整体，他的思想、情感和实际生活不可分割地联系在一起。如果他没有表达感情的自由，他就不可能有思想上的自由。如果他在实际生活、在经济和社会关系上没有独立和自由，那他在情感上也不可能自由。仅仅在一个方面激进而不顾其他方面的协调，这样必定会导致结果令人不满意。也就是说，只有少数人在一个方面实现了激进的要求，对大多数人来说，这些激进的主张掩盖了在其他方面毫无变化的事实。毫无疑问，在生活的全部领域从整体上向前迈进一步，要比在孤立的一个领域进步困难得多，而在某一个领域的激进的进步，不可能持久。弗洛姆把这种现象称之为"孤立的进步"，我们应该吸取，人类史上这种"孤立的进步"的失败教训。

2. 自相矛盾的社会经济改革方案

弗洛姆主张在经济上实现生产资料的公有制和国家干预的

计划经济。他认为，苏联建立了这种制度，但仍有不理想之处。这是因为忽略了社会主义最重要的原则，即每个劳动者都成为生产过程和管理的积极和负责的参与者。新的经济制度的关键是解决好公有制和计划经济与个人的主动合作之间的矛盾，使劳动真正成为吸引人和有意义的活动，使劳动者从被资本和机器的奴役下解放出来。在分配制度上，收入水平要保证每个人都达到能够维持人有尊严地生活的起码程度，即不再用饥饿迫使人们接受他们根本不愿意接受的劳动条件。同时，发达国家要从经济上帮助经济落后的国家。殖民地剥削的时代已经结束。如果工业化国家要想帮助非工业化国家，那就必须减少一些不必要的消费。如果工业化的国家想要和平，那就必须去帮助非工业化国家。

弗洛姆一面主张建立国家干预的计划经济，另一方面又主张"把国家的集权活动降低到最小限度"。这是弗洛姆社会改革理论的自相矛盾之处。很难想象，计划经济体制能在一个高度分权的国家里建立起来。另外，不能实现劳动者成为经济活动的"积极和负责的参与者"正是计划经济的弊端。历史和现实的经验教训告诉我们，计划经济并不能克服资本主义制度的缺陷，市场经济也不是万能的。只要我们尊重市场经济的规律、遵守法律法规，并运用政府宏观调控手段加以弥补，就一定能够搞好社会主义的市场经济。弗洛姆彻底否定了市场经济的作用只会造成灾难性的后果的观点。

通过以上分析可以看出，弗洛姆的经济改革设想缺乏总体上的现实指导意义。他生活在资本主义社会，对资本主义经济体制运行的弊病看得比较清楚，他的社会改革设想也主要针对发达资本主义社会。他的一些构想还是具有一定的价值。

3. 所有制改变：不能调动工人的生产积极性

弗洛姆非常关心人的积极性问题，他认为这与人的工作环境与工作体验密切相关。弗洛姆在调查中发现，有超过一半的职工对自己的工作不满意。工人的不满、冷漠、厌倦、缺乏快乐和幸福、无用感，以及对生命没有意义的模糊感觉，都是雇佣劳动不可避免的结果，是由他们在工作中的社会地位决定的。雇佣劳动是劳动者兴趣缺乏的根源，不管他们得到的薪水是高还是低，都是生产体制的附属品，而不是一个为自己工作的人。每个人一周有五天或六天生活在受异化劳动支配的状态中，而每周日的消费或休闲也受到经济规律的操控，他们并不能靠几年一次的投票而变得自由。要使自由对普通人有意义，就必须包括工业生产中的自由，也就是使兴趣和参与成为工作的主要动力。

为了保证所有的人特别是工人和农民都能参与整个生产和管理过程，可以尝试、实验，特别是要总结和推广分布在法国、比利时、瑞士、荷兰和以色列的劳动公社经验，并使之完善化、制度化。弗洛姆说："他们都促使我们认识到建立一种新型生活方式的可能性。他们的活动还表明，对这些公有社会进行试验的人大多具有敏锐的理解力和强烈的实践意识。他们绝不是我们这些现实主义者认为的梦想家；相反，他们比我们世袭传统的领导者具有更强烈的现实主义态度和想象力。毫无疑问，这些试验的原则和措施还有许多不足。"但那些认为这些试验不现实的人，"就同人们原先对建立铁路和实现飞行旅行的反应一样。它本质上反映了人们的思想懒惰和一种固有的信念，即过云没有实现的东西，现在和将来也不可能实现"。

弗洛姆认为，要实现一种改变劳动处境的新经济制度，不必进行暴力革命，也不用改变西方民主国家的宪政，可以通过立法来进行这种变革。他说，实际上现在已经有了一系列法规来维护公共福利和限制财产所有权。同样，可以通过立法来保证经理、股东、职员、工人各自的权利，保证所有成员都参与生产、管理和决策。

从弗洛姆倡导开始，半个世纪过去了，这种社会组织依然没有得到普遍推广，是这些公社本身不符合现代社会生产规律性，是弗洛姆倡导的社会组织带有乌托邦性质，还是由于人们生活的惰性、拒绝变革？弗洛姆认为，为了极大地调动每个人的潜能，必须有一种新的社会结构，实现新的经济变革，变革的目的在于实现每个社会成员对生产和整个社会生活的参与。而事实证明，将生产资料所有权由资本家转向社会或国家的社会变革，并没有使工人的劳动处境发生什么变化。一种社会的好坏，生产资料所有权并没有决定作用，社会主义中心问题是改变工人的劳动处境。当一种社会制度恢复了每个人对工作的兴趣，工人的劳动生产率将会远远高于现在的劳动处境下的生产率，而社会用于制裁犯罪、治疗心理疾病和身心疾病的费用也会相应地减少。

除了改变人的劳动处境，还要改变现有的消费方式。我们已经看到现代人的消费方式对人的身心健康、对社会生态的危害性，而且消费者的消费"欲望"往往是由生产商"制造"出来的。要改变这种状况，必须兴起一场宣传健康消费的启蒙运动，通过一个渐进的教育过程，鼓励人们健康地消费。这项工作要以建立在人本主义信念基础上的关于人的新科学为依据，而这项新科学又是多学科的研究成果的综合。政府的强迫手段是不能奏效的。弗洛姆说："通过官僚机构的控制来强行节制消费，只会使人变得更加追求消费。"

4. 维护人的尊严：保证人的基本收入

弗洛姆特别看重人的最低收入，认为这是维持人的独立和自由的物质保障。在任何一个社会，收入完全平等是不可能做到的，也不值得追求。但是我们不能用饥饿的经济威胁去迫使人们接受根本不愿意接受的劳动条件，违心地屈从一个权威。要保证人的尊严，首先要保证每个人都享有不受任何条件限制的生存权利。要消除这样一种依附关系：不听话，就砸你的饭碗。同时，那些有天赋、想建立一种崭新生活方式的人，也有机会实现自己的愿望，只要他愿意过一种简朴的生活。

在现代社会，一个雇员即便不喜欢、甚至厌恶自己的工作，也不得不干下去，因为他一旦失业，必然面临着饥饿的危险。如果自己离职，他也得不到失业救济金。这种境遇是一种沉重心理威胁，雇员自然十分惧怕，为了避免被解雇，他在工作中谨小慎微，不得不依赖于老板或某个人，即便受到委屈，也不能申述，因为他只要坚持自己的权利，惹怒了老板，就面临着被解雇的危险。假如一个成年男子打算从事一项新的工作，这需要他花费一两年的时间来做准备。这项决定必须有一笔起码的生活费用来支撑，这样就可以使他全身心地投入他所选择的新工作。又如，一个生活在不幸福婚姻中的女人，她没有离开她所不爱的丈夫的唯一原因，就是没有在寻找工作期间维持自己生活的费用。总之，只有消除了劳动中和社会关系中的经济强制力量，个人才能得到自由发展。

5. 实现真正的民主：人本主义的社会管理

弗洛姆认为，在政治上，不能把民主仅仅理解为每隔几年的一次普选，而应该把民主的原则真正贯彻到社会生活的各个领域中去，这是与生产和经济活动中的积极参与原则相适应的。要在现代民主的基础上消除异化社会对大众思想的操纵，让公民真正了解事实，并作出自己的判断。

在一个异化社会中不可能有真正的民主，如果民主意味着个人可以表达他的信念和维持他的意志，那么民主的前提就是个人必须具有一种信念和意志。但事实上，现代社会中的异化的人只有意见和偏见，只有好恶而没有意志。这些意见和偏见、好恶和爱憎都被强有力的宣传机器所操控。

在弗洛姆看来，按现代工业化的发展趋势，官僚机构必然日益膨胀，他们通过庞大的官僚机器实行自上而下的集中管理，"也就是说整个社会由一个中心控制，那么从长远的观点看，法西斯主义的到来几乎是无法避免的"。弗洛姆认为，只有用人本主义的管理来取代官僚主义的管理，人们才能积极负责地参与决策。官僚主义的特征是，对待人像对待物一样，实质是缺乏对人的同情心，不愿承担责任，并以规章制度为借口。官僚主义的程序是以统计数字来控制，一旦人被降低到一个数字编号的地位，那么在他的眼里，人只是一些数字，而不是活生生的人。

普通选民对国家的真实情况孤陋寡闻，他们虽然经常读报，从报纸上得知为什么事情而花费数十万美元，因为什么原因而数百万人遭到杀戮，但他们仅仅从这些抽象的数字中并不能获得关于世界的真实的情况。人们虽然每天都接受媒体大量

102

的信息，但是他们知其然，并不知其所以然，光怪陆离的社会事件，往往成为过眼烟云。

现代民主社会的选举不能保证公民能够真正地参与决策，他们只是在若干争夺选票的选举人之间，简单地表达自己的偏爱，因为他们不可能在这个范围以外选举他人。选举人除了表示同意或者不同意之外，不能再做什么。民主制度有必要在现在的普遍选举的基础上进一步发展。

对此，弗洛姆提出了"参与民主制"的设想，认为真正的民主意味着所有成员都能全面了解情况，自己做出判断，积极参与决策。这在大众投票的气氛中是不可能实现的，要实现这一目标，需要付出巨大的努力。比如，可以建立一个成千上万人的面对面群体，每一个群体五百人左右，这样才有利于成员之间的彼此互动。在这个群体中，重大问题可以得到彻底的讨论，成员之间可以接触和了解，那些非理性的蛊惑人心的言论很难左右人们的思想。每个成员都必须掌握一切重要的信息，对专门问题进行充分讨论之后，再投票表决。问题是，以这样的方式所作出的决策如何对政府的决策产生影响呢？弗洛姆认为，可以对两院制议会加以改革，由面对面群体构成真正的"下院"，并同其他政治机构（如中央政府）分享权力。这样，决策就可以不断地自上而下和自下而上地产生出来。

第 6 章

从病态社会走向健全的人道主义社会

一、健全社会的标准

弗洛姆在《文明及其不满》中第一次提出"社会精神病"这个概念，弗洛姆认为，假如文明的演化与个人的发展相类似，而且假使两者都以同样的方式演化，那么许多文明体系或文明时代在文明潮流的压力下已经患了"神经病"。但是社会神经病的诊断和治疗遇到了特殊的困难。

1. 健全的社会必须满足人的精神需要

关于健全社会的诊断标准，在弗洛姆看来，如果把社会是否健全的标准看成个人是否"适应于"社会以及社会是否具有健全的功能，那么就会把许多病态的社会看成正常的、健全的。个人要"适应于"社会，就必须同大多数人一致，健全的社会标准就是以大多数人的感觉为标准，这是错误的。社会健全与否即社会的精神健康与否，不能以个人是否"适应于"社会来判断，相反，必须以社会能否满足人的精神需要来判定，以社会对人的健康发展是否有促进作用来判定。

这就是说，社会是否健全必须从人类与社会的关系来判定，看社会能否满足人生的基本需要。"一个健全的社会是一个与人类需要相符合一致的社会——这里所说的需要，倒不一定是指人'觉得'他所需要的，因为即使最具有病态的目的，也可以被人主观地视为他最需要的东西；这里所指的是人类的客观需要，这种需要可以由对人类的研究而确定。"

弗洛姆认为，人是由动物进化来的，就人的身体及其生理机能而言也属于动物，但人的需要与动物的需要有根本的不同。弗洛伊德认为性本能是满足人最基本的需要，是推动人的热情的基本动力。弗洛姆不同意这种观点，他说，尽管性的动力以及所有来源于性要求的东西，都是强有力的，但性本能绝不是人类的基本需要，绝不是人类内在的最强大的动力，而且在这方面受挫也不是精神错乱的根本原因，那么人类的需要是什么呢？弗洛姆认为，人的最终需要是精神需要，这种需要发自人自身的本能。

2. 精神需要：与他人联系的需要和保持自身独立性的需要

人类脱离了动物界，就丧失了动物与自然界和谐的关系、丧失了人类的家园——大自然。人在具有理性和想象的同时，也看到了人类的孤独性、人类的无力、无知以及生与死的偶然性。在这种情况下，如果找不到与同胞相联系的新关系，那么他是无法面对这种生存状况的。一个人即使所有的生存状况都得到满足，他也会觉得他的孤立状态如同在牢狱之中，他必须冲破孤独以保持身心健康。事实上，精神错乱的人，就是无法与他人建立正常关系的人，无法与他人进行正常的交流，他自己仿佛被禁锢在牢狱中，非常苦闷。与他人交流是人类必不可少的精神要素，更是一个健全人的起码生活环境，这需要整个人类密切联系和相爱。

与他人联系、与他人合作有三个途径。一是无条件服从一个人、一个团体、一个组织或上帝，使自己摆脱孤独感，有精神依靠。二是依靠个人资源支配和统治他人，以使别人成为自己的一部分，从而摆脱孤独感。不论是服从还是统治，两者都具有共生的性质，服从者离不开统治者，统治者也离不开服从者，他们双方都失去了自己的完整性、独立性与自由，都只能从对方获得生存的力量，非依赖他人不可。服从感和统治感都不能给人以一种同一体或共同体的感觉，绝不会感到心理满足，最终的结果只能是失望。因为服从与统治虽然建立了合一，但是却破坏了个人的完整性。

只有第三条途径——爱，能满足自己与他人密切联系的唯一需要，而同时又得到完整和独立感。在爱的行为里，我们与他人成为同一体，同时我又是我自己——一个独立的人；他人与我同在一个共同体，同样，他人也是一个独立的人。

总之，人一方面需要与他人联系起来，一方面又需要保持自己的独立性。只有爱才能满足这两个方面的需要。在这里弗洛姆提出，只有一个具有大爱之心的人，才能获得真正的幸福感，由此可以看出，精神的满足才是人最基本的满足。

3. 精神需要：超越自己，发挥潜能的需要

人是在不经自己同意的情况下被抛到这个世界上来的，就这点而言，人和动物、物质或无机物并没有什么不司。与动物

不同的地方，是人用不断超越自己作为心理补偿，满足心理需要。开始由于人有理性和想象力，他不会以这种被动、消极的生物角色为满足，不会消极地适应这个世界，他会发挥自己的潜在能力，做一个创造者，超越其生物的地位，超越他生存的偶然性和被动性。

人不仅像所有生物一样创造生命——生养孩子，而且能种植植物，生产物品，创造艺术，创造概念，等等。在创造中人类超越了他的生物地位，将自己提升到超越他存在的被动性和偶然性之外，而进入到目的性和自由的领域。

在弗洛姆看来，人的超越需要有时还会产生破坏性的需要，因此，破坏也是超越。毁灭生命，人将自己置于生命之上，他也就超越了自己的生物地位。人的这种破坏性在人类历史上经常发生，而且不可避免。破坏性是创造性的唯一替代物。弗洛姆强调，创造性与破坏不是像弗洛伊德所说的那样，是两种独立存在的本能，而是超越需要的两种解答。"当创造意志无法满足时，破坏毁灭的意志就抬头。然而，创造性的意志感到满足、导致快乐；而破坏对破坏者本人来说，则多半造成痛苦。"只有不断超越自己，充分发挥自己的潜能，人的精神才能感到满足。

4. 精神需要：寻根——寻找安全的需要

人脱离了动物界，也就脱离了自然的家，断绝了自然的根。人丧失了自然界的家和根，就处于孤立无援的状况。然而，人不能忍受这种状态，只有找到人类新的根时，他才不需要自然的根，他才能在这个世界上感到脚踏实地，有安全感。在人性中有一种深切的渴望，渴望不要与母亲、家族及土地分离的情绪，这就是寻根——寻找安全的需要的表现。

人类最基本的自然关系是孩子与母亲的关系，婴儿在母亲的子宫里开始了生命，甚至出生以后，婴儿还完全依赖母亲。婴儿在生命的前几年，体验到了母亲是他生命的源泉。母亲就是食物、就是温暖、就是大地、就是爱。得到母亲的爱，就是有了活力，有了扎根的地位，感到安全与自在。

如同出生离开子宫保护一样，人在长大成年以后，逐渐脱离了母亲的保护，尽管成年人这时已经自立，甚至已经担负起一定的责任，但是内心深处要求得到保护的渴望依然十分强烈。成年以后面对的生活错综复杂，环境变幻无常，人们思想邪恶，知识支离破碎，不可避免地犯错误。他们越来越感觉到需要人的帮助、温暖和保护，对安全有了深切的渴哀。这种安全感过去母亲给予了，成年以后必须找到新的扎根方式，找到新的根，获得安全感。

如果一个成年人脱离了母亲的保护轨道，没有找到新的根，不能获得安全感，就会精神失常。极个别的精神病患者，竟渴望回到母亲的子宫里，他的感觉与行为像在母亲子宫里的胎儿一样。这些行为在他们发病期间、或在梦中表现出来。在梦中，这种渴求以象征的方式呈现，如梦见自己在一个黑洞里，或者梦见自己在仅能容一个人的潜水舟里潜入深深的海洋，等等。在这种人的行为中，显露出对生的畏惧，对死的妄想。

5. 精神需要　认同感——自我肯定的需要

动物属于大自然但是并不超越大自然，它们没有对自己的意识，也不需要认同感。人超越大自然，并且具有理性和想象力，就需要形成一种关于他本身的概念，需要感觉和说出"我是我"。人可以定义为说"我"的动物。因为人不是被动地活着，而是主动地生活，他已经丧失与大自然原有的一体性，他不得不自作决定，他必须感到自己是与别人不同的个体，意识到自己是生活的主体。这种自我肯定、自我认同的需要，就像需要与他人联系、寻根、超越一样，也是非常强烈的，以至于使得当人的这种需要得不到满足时，他就会患病，影响身体健康。如果我们所说所做是违心的，内心就会感到极大的痛苦；如果我们所说所做是发自内心的，内心就会感到满足，而且高兴。

总之，人类基本精神需要来源于人类特殊的生存条件，主要是与别人相联系的需要，寻找安全感的需要，超越自己进行创造的需要和自我肯定自我意识的需要。这些基本需要中，最重要的是爱和创造性工作的需要。弗洛姆说，当人越发现自己与人及自然界不同，越来越成为个人时，人就别无选择，只能创造爱、努力工作把自己和世界联系起来。

弗洛姆认为，人要生存和发展，不仅必须满足其生理上的需要，而且必须满足其人性的需要即基本精神需要。这些基本的精神需要得到满足的人才是精神健康的人，否则会导致人的病态。人的精神健康的特征是：有爱与创造的能力；有自我肯定的意识；能够抓住自己内在与外在的实在，并能达到客观性和理性的发展。

弗洛姆认为，弗洛伊德只看到社会文明与人性需要相冲突的一面，认为社会文明玉抑人的本能欲望，人的本能破坏社会文明，在文明生活中，人的本能需要不断受挫，所以人容易患神经病。弗洛伊德把社会文明看成与精神健康和快乐是抵触的。另外，弗洛姆也认为弗洛伊德的这种看法不同于现代大多数学者的观点，因为他们只强调现代社会对人的积极影响。他认为，对于社会与人性之间的关系要做客观的研究，必须看到社会两个方面的功能：社会能促进人的健康发展，也能妨碍人的健康发展。大多数社会都兼有这两种功能。所以判断一个社会是否健全，在于这个社会对人的健康发展所起的积极作用大，还是消极作用大？

二、现代西方社会是不健全的病态社会

弗洛姆讨论社会是否健全的标准，其最终目的是要对现代西方社会作出病理上的诊断。在许多西方学者为资本主义福利社会歌功颂德之际，弗洛姆针锋相对地指出：我们的社会是不健全的社会。

1. 西方社会的畸形发展为病态社会埋下祸根

弗洛姆认为，要讨论现代西方社会是否健全的问题，必须把握住这个社会的特征，即一个社会中大多数人拥有的特征。这个特征是在社会的经济、政治和意识形态各种因素相互作用的过程中形成的。其中经济因素占最主要地位。因为个人和社会首先关切的是生存，只有得到生存之后，才有余力顾及其他人性需要的满足。要维持生存，人必须生产，就必须有最低限度的衣、食、住处以及生产工具。生产方式决定生活方式与习惯，决定社会关系。不过，政治、宗教与哲学也并不是消极的反映体系。由于这些东西都生根于社会特性之中，因此它们反过来也决定和巩固了社会特性。要把握资本主义的社会特征，

就必须对其生产方式以及政治、思想等因素进行分析。弗洛姆就是从分析资本主义各个时期的发展过程中，看到了这些因素的变化，从而揭示了西方资本主义社会是不健全的、病态的社会。

弗洛姆指出，在资本主义制度中，人被人所利用。工人的劳动力是资金所有人所购买的东西，与市场其他货物没有任何区别，购买者要对他买的东西尽量利用。资方与劳方除了买卖关系，没有任何义务。人与人之间所以互相利用，是资本主义制度基石和价值体系的本质所决定的。在这个价值体系中，资本的地位高于劳动力，资金雇佣工人，而不是工人利用资金，工人在创造了财富的同时，又被财富所统治。

纵观19世纪资本主义特征，本质上是竞争的、血腥的、剥削的、积累的、权威的、侵略的、个人的。剥削和积累的态度，造成了人的痛苦，造成了对人性尊严的不尊重，造成了欧洲对亚洲和非洲及本国工人阶级无情的剥削，而根本不顾及人性的价值。19世纪的另一个病理现象就是服从非理性权威，从而导致了思想感情的压抑。许多人由于精神压力大而成为精神病患者，这是以往社会没有的社会现象。

19世纪与20世纪初的改革运动，就是企图治疗这种社会的病态。从无政府主义到马克思主义的各种社会主义，都主张废除剥削，并将工人变成独立、自由与受人尊重的人。他们认为，如果消除了工人受资本家的剥削，就可以使社会消除病态，人人平等。弗洛伊德认为，如果采取措施，减少性压抑，精神病也会随之明显减少。自由主义人士则认为，如果使人从不合理的权威束缚下解放出来，获得完全的自由，将使人类进入一个新的黄金时代。这些都是一些思想家为改造19世纪的病态社会开出的"药方",尽管今天看起来,他们的一些理论还不健全,但却是对人类社会发展的有益探索。

到了20世纪的资本主义社会,在工业技术、经济与社会结构上都发生了巨大的变化,西方的社会特征同样也发生了巨大的变化。弗洛姆认为,这个时期,资本主义对人格影响的中心问题是疏离或异化现象。这就是说20世纪人的异化现象更严重了,人并没有感觉到自己的力量所在和生命的充实,好像是为他人而活着,觉得自己只是一个任人宰割的物品,必须依靠他人的力量才能投射出自己的生活实质。

这种异化突出地表现在人与自己创造性的关系上。本来在创造性的工作中,人改变了自然,同时也改变了自己,在工作中控制自然,并从自然中产生出来,逐步发展起合作与理性的力量,且产生快乐和美感,工作成为一种享受。人的工作越发展,他的独立性就越强。而现实却相反,在当代西方社会,工人以最佳的精力,每天工作七八小时,进行着辛苦的劳动。可是工人对生产丝毫没有兴趣,他们不明白自己为什么要生产这种东西而不生产别的东西,不明白自己的生产与社会是什么关系。鞋子、衣服、帽子、汽车、灯泡等都是使用机器的"企业"生产出来的。工人仅仅感到自己是这些机器的一部分,而根本感觉不到自己是机器的主人,相反,工人常常感到,机器是自己的主人。不是机器作为人力的代替品,而是人成了机器的代替品,人的工作只不过是完成机器无法完成的工作。对工人而言,工作的目的就是为了挣钱,不管自己是否愿意,工作不再是有意义的人类活动。工作似乎就是为了获得薪水,不自然、不愉快、无意义、愚笨就成为工作的条件,工作既无尊严、又无重要性可言。这就助长了偷懒、怠工、投机取巧的工作态度，工人与机器对立起来。

2. 资本主义的生产方式使人冷漠和心理退化

近十几年来，西方工业界开始注意到了工人的心理和工作态度，其中工业心理学就是研究如何以较少的摩擦使工人工作，如何提高工人的劳动生产率。这实际上是把工人与职员当作机器一样来处理，机器若是上好了润滑油，就能运行得更好；工人们若是精神愉快，工作效率就会提高。企业为了提高工人的工作效率，就想方设法地使工人觉得愉快、安定、满足。这样的结果是创造性的工作与工人本人更疏远了、隔离了、异化了。

为什么会产生这种日益严重的异化现象呢？弗洛姆认为，这是因为现代西方社会的生产过程、消费过程和人际关系使人成为机器的结果。

在当代社会，像 19 世纪资本主义那种常见的资本主义剥削基本消失了，然而 20 世纪的资本主义仍然是资金所有制利用他人来达到自己赢利的目的，仍然是人被人利用的原则。弗洛姆说，"利用"这个概念，与待人是否残忍无关，也与是利用他人还是利用自己无关，这是指"人不再是他自身的目的，而成为另一个人的经济利益，或自己的经济利益，或一个经济机构之经济利益的工具"。

在现代西方社会的工业生产过程中，工人成了一个经济性的原子，这个原子按照安排好了的调子活动，他的地方就在这里，以某种方式坐在那旦，手臂以 Y 为半径，移动 X 英寸，移动时间是七分钟。这就剥夺了工人思想以及自由活动的权利，生命遭到了否定，人类的创造、好奇、独立思考的需要被遏制了，其结果造成了工人的冷漠和心理退化。经理每天应付的是一些不具人格的"巨人"：具有竞争性的庞大企业、庞大的国内与世界市场、大量的顾客、庞大的工会、庞大的政府，所以经理也和个人一样被控制，不过他是由这些庞大的"巨人"所控制。

3. 资本主义的消费过程使人异化

现代社会的消费过程也使人产生异化。弗洛姆认为，消费行为应该是一项具体的人类行为，其中包含了我们的感觉和身体的需要。这就是说，在消费行为中，我们是实在的、有感情的、有判断力的人类，消费行为应该是一种有意义的、有人味的、有创造性的经验。然而西方社会的消费过程中，这种成分却少得可怜。在现代社会，消费的目的不是为了给人以快乐，满足人的生活，消费成了它本身的目的，为了消费而消费。我们买了许多东西，这些东西对我们毫无用处，放在那里只能显示我们的富有。"我们要那些东西，只不过是为了'有'。我们对无用的拥有感到满意。"比如，贵重的餐具和水晶花瓶，因为怕砸碎了，就放着从来不用，大厦里空着许多不必要的房间，以及拥有不必要的汽车，等等，仅仅是为了拥有，而不是为了使用。

即便是那些我们使用的物品，我们的目的也常常是为了满足感官的快感。汽车、超级大宅子、冰箱、电视机等等，的确它们有实实在在的用处，可是我们也经常为拥有它们而炫耀，这些东西表现了拥有者的身份。

在消费过程中，我们为广告和社会舆论所控制，很少是自身的感受。我们喝可口可乐，其实我们喝的是广告，是漂亮的少男少女在广告上畅饮的那幅图景，我们喝的是"令你精神百倍"的标语，喝的是美国人普遍的习惯。在喝可口可乐的人群中，因为味道好喝所占的比重人数很少。

至于物品在消费过程中更是这样，消费的几乎全是物品厂商制造出来的幻想，什么"健康的"肥皂、牙膏等。因为我们不是以真实具体的人来消费真实具体的物，于是导致越来越需要更多的东西，做更大的消费。如今人们被购买更多、更好尤其是更新的东西的可能性迷惑住了。他在消费上永远感到饥饿，总是想到市场上买最新式的任何东西，而真正的"用"倒是次要的了。这种消费方式就与消费的物品和消费的快乐相异化。

4. 资本主义的生产使人际关系异化

在人际关系方面，现代人跟他同胞的关系是一种两个抽象体、两部活机器相互利用的关系。雇主利用他雇来的工人、商人利用他的顾客。每个人对其他的每个人而言，都是物；每个人都经常受到这样的对待，因为即使他现在没有用处，以后也许用得着。如今，我们的社会里，找不到非常表面化尖锐对立的关系，大家都争当老好人。彼此见面总是彬彬有礼、一副笑嘻嘻的样子，可以说相当有礼貌，可是这表层下面却是疏远的距离和冷酷无情。弗洛姆说："对于我们西方的生活，任何客观的观察都可以看出，爱——兄弟爱、母爱、情爱——是相当罕有的现象，它的地位被各式各样的假爱所取代——而事实上，各式各样的假爱就是各式各样的爱的瓦解。"

人与自己关系怎样呢？在现代西方社会，人无法体验到自己是个主动体，是人类权利的持有者。人体验到自己是一件在市场上待卖的东西，他与自己发生了异化与隔离。他的目的是在市场上成功地出卖自己，卖得好价钱。他的自我意识不是发自内心的，而是权衡自己在社会应该具有的位置以后做出的，这样的后果是使自己丧失了自尊心和尊严，而尊严恰恰是人类的特有品质。这样的人其实已经完全丧失了自我意识，丧失了他是一个独一无二、不可复制的实体的感觉。丧失了自我意识，人就变成了"物"，无所谓自己，而人一旦成了物，也就可以没有自己。弗洛姆认为自我意识缺乏会造成人的痛苦和深度不安，他说："这种由面临虚无而产生的不安，要比炼狱里的刑罚还来得可怕。在地狱里是我受到惩罚酷刑，可是在虚无里却逼得我要发疯了——因为我已经不能说'我'了。"

5. 资本主义整个生产过程造成人严重的精神不健全

由于现代西方社会的生产过程、消费过程和人际关系使人变成机器人，现代人把生命看成一种企业。凡是企业就应该有盈余，有了盈余就是成功的企业，亏损、破产是失败的企业。因此，有人提出，"生命是否值得一活"的问题也就不奇怪了，其实这是一个极其荒谬的观念。我们也许不快乐，也许能够达到某些目的，也许达不到某些目的，但是我们每个人都有生存的价值。生命是一个独一无二的现象，生命是世间最宝贵的财富，没有任何东西可以与生命比较。

生命过程中必然有许多希望受挫，有许许多多的事情不尽如人意，生命包含了艰苦奋斗，生命也展现了绚丽多彩的人生辉煌，生命的最终必然以死结束。如果我们把生命看成企业的收支平衡，把赢利看成人生目标，那么根本不出生者或者在襁褓中死去最有意义，因为这样的人生没有负债。

把生命看成企业，缺乏精神上的稳定与健全，这是造成西方社会自杀率增加的主要原因。当然，自杀问题是一个复杂的问题，其原因不能说只有一个。但弗洛姆认为："一个国家的自杀率高，即表示这国人民欠缺精神的稳定与精神健康。"自杀主要不是物质上的贫困造成的，最贫穷的国家自杀率反而低，欧洲和北美一些国家日益繁荣，其自杀数字也随之增长。

在一些西方社会与自杀率相联系的是酒精中毒的数字与日俱增，毫无疑问，酒精中毒是人们精神与情绪不稳定的状态。统计数字表明，酒精中毒数字高的国家也是自杀率高的国家，这两个数字大体上反映出一个国家人民的精神健康的状态和精神病的发病情况。比如，在第二次世界大战时，在美国免除入伍从军的适龄青年中，有 17.7% 的青年人由于精神病而免于入伍，由此可见，精神病在美国青年中占有一定的比例。弗洛姆说："于是我们发现了最民主、和平、繁荣的欧洲国家以及世界上最昌盛的美国，却显示了最严重的精神不健全。"

三、走向健全社会之路

弗洛姆指出，从 19 世纪以来，许多具有洞察力的人士就看到了资本主义社会繁荣、富裕的背后，正在进行着衰败和道德堕落。

1. 思想家们为西方社会走向健全之路开出的"药方"都无法兑现

为了挽救西方社会的堕落，欧文、普鲁东、托尔斯泰、巴枯宁、马克思、爱因斯坦等都在苦苦思索，寻找解脱之路。尽管他们的观点各不相同，他们的理论见解差异巨大，但他们都发现了，在西方社会，人已经丧失了他的中心地位，已经成为完成经济目标的一种工具。人与其他人、人与自己相疏远、相异化，失去了真实的联系，人不再拥有富于意义的生命。

他们对现代资本主义的各种批评都指出这样的原则：人是目的，绝不是工具；物质的生产是为人，并不是人为物质生产；生命的目的是人类创造力的展现，历史的目标是将社会转变为一个主持正义与公理的社会。这些针对西方社会的恶疾诊断式的原则，弗洛姆是基本同意的。

但是一涉及现代社会疾病产生的原因，以及随之而来的如何对这些社会疾病进行治疗时，看法就各不相同了。19世纪初，一些思想家认为社会的万恶之源在于缺少政治自由，尤其缺少普及的选举权。有的社会学家，尤其是马克思及其追随者，特别强调经济因素的重要性，认为之所以产生异化，根源在于工人经济上处于被压迫、被利用的地位。像托尔斯泰等思想家，则强调精神的作用，认为西方人精神与道德的贫瘠是他们堕落的原因。弗洛伊德则认为，现代人的困扰是社会对人的本能欲望过度压抑而导致精神病现象。弗洛姆认为，这些看法都是不足取的，因为这些看法都分析了某一部分而忽略了其他部分，都存在着片面性。这些社会疾病是社会经济的、政治的、精神或心理的多种原因引起的，而对社会疾病的治疗也必须从社会各方面入手。

弗洛姆说："我的结论将是：唯有在工业与政治组织上、在精神与哲学方向上、在个性结构上，同时有所改变，才能达到健全与精神健康之路。"

2. 弗洛姆的整体社会全方位的改革观念

在弗洛姆看来，如果不对现代社会进行全面改革，只是改革某一方面，就会顾此失彼，有伤整体，这是人类进步的最大障碍之一。弗洛姆用世界历史上失败的教训来说明必须全面改革。比如，基督教宣扬精神的更新而忽略了社会秩序的改革，如果社会秩序不改革，则精神更新对大多数人而言势必不发生作用。基督教福音的宣扬导致压迫人的天主教的建立。又如，18世纪法国启蒙学者，将独立判断与理性看成最高规范，宣扬政治平等，然而却忽略了经济平等，如果不伴随着经济上的根本变化，人类的平等就无法实现。18世纪启蒙思想家宣扬理性主义和政治平等，造成了罗伯斯庇尔和拿破仑的专制。在他看来，社会主义，尤其是马克思的社会主义强调了社会变革必须进行经济与政治的变革，然而却忽视了人类内在精神变革的必要，而没有人精神与道德的变革，单是经济与政治的变革永远无法导向"好的社会"。弗洛姆指出，正是由于这些改革与革新强调一方面而忽略了其他方面，因此这些改革与革新的结果几乎全盘失败。

弗洛姆认为，这些结果说明了，人是一个整体，他的思想、感觉和生活有不可分割的关联性，如他在情绪上得不到自由，就无法在思想上自由；如果他在生活上、经济上、政治上与社会关系上得不到自由，就无法在情绪上自由。他说道："对人类进步而言，在全面的生活中迈进整体的一步，要比在孤立的生活中宣扬一百步，其影响还要深远得多。数千年来，'孤立的进步'中所遭受的失败，应该是相当明白的教训。"

弗洛姆总结说，要想治愈现代社会的疾病，要想使现代的病态社会走向健全社会，出路只有一个，就是对现代社会进行经济、政治、文化、精神齐头并进的改革，使人的本质得到实现。

3. 弗洛姆的经济改革观

（1）改革要使工人参与企业的经济活动

弗洛姆认为，经济上的改革不是生产工具所有制的改革，而是使工人积极参与企业的经济活动，使工作对工人有吸引力。在经济改革方面，马克思十分重视生产工具的社会化，这是受了资产阶级影响的表现。因为所有权和财产权是资本主义经济学的中心范畴。他认为，马克思只是以颠倒资本主义财产所有制的方式来进行经济改革，其实，这种社会主义还是在资本主义坐标体系之内。实际上，健全的社会在经济上必须创造出这样一种工作环境，在这种环境中，人们为了自己认为有意义的工作献出自己的才智与精力，并且觉得与他人是团结一致的。弗洛姆说："此处所强调的重点，并不是生产工具的所有权，而是对经营管理与决策制作的参与。"

必须使每个工人对企业的管理和决策具有影响力。如果工人只有技术和经济方面的知识，而没有办法将这些知识转变为行动，则理论的知识和兴趣就没有任何意义。工人只有把自己的智慧和潜能发挥出来，并且对企业的发展产生影响，这时才能成为一个积极的、兴致勃勃的、负责的参与者。共同经营与工人的积极参与是这样实现的：经营管理者的责任是由最高领导与一般工人共同担负的，他们之间经常保持便捷流畅的联系，以便尽快反映企业的情况，帮助最高领导做出决策。消费者作为第三方参与人，也可以以某种方式参与决策。

工人的积极参与，目标不是为了"小团体"，而是为了整个人类。工人如果只关心自己的"小团体"，这种参与可能朝着超级资本主义分享盈余发展成果发展。如果某个企业的工人和职员，所关注的只是他们的企业，那么这种自私自利的隔阂态度，只不过由一个人扩大成为"一群人"而已。因此，工人的眼光不应该局限于所在企业，这是工人积极参与经营的必要条件。只有这样工人才对消费者和其他人感兴趣，感到自己与其他人是一体的，而没有距离感。

（2）要使每个人都能过一种有尊严的生活，但不要收入上人人均等

弗洛姆指出，就每个公民的经济状况而言，每个人的收入均等从来就不是社会主义的要求，也不是健全社会的要求。收入均等这种思想既不切合实际，也是不可能达到的一种社会现实。我们社会需要达到这样一种收入状况，其能使每个人在物质上得以过上一种有尊严的生活。也就是说，就收入不均等而论，似乎应达到这样一种地步，即收入的差异并不导致生活的感受不同。一个有数百万美元收入的人，似乎可以轻易地满足他的许多愿望，而一个收入微薄的人要想满足自己的奢望，就不得不牺牲其他消费要求。收入应该是这样的，虽然每个人收入是有差距的，但是他们对生活的感觉应该是相同的。弗洛姆说："所以问题不是收入多少的问题，而是收入数量上的差异，不致造成生活感受差异二的问题。"

要使每个人都过上有尊严的生活，在社会福利上，要使人可以没有任何"理由"而获得最起码的生活。一百年前，人们普遍这样认为，一个人对他的邻居不负什么责任，以贫穷失业的人来组织一支失业大军，乃是社会规律，现在这种观念过时

了。在西方所有的工业国家都实行福利保险制度，保证每个人在失业、疾病与老年时，都可以获得起码的生活条件。

有人担心，假如每个人都有权利获得维持最低生存状态的生活补助的话，那么大家都不去工作了。弗洛姆认为，这种假定是基于认为人性中具有懒惰天性特点的，而事实证明这个观点是错误的。事实上，一个人除非精神不正常，否则谁也不愿意由于闲混而不工作而过着最低水平的生活。弗洛姆批评资本主义的劳动制度时说："如果没有人再为了怕饿死，而被迫接受工作的情况下，工作必须要有充分的兴趣与吸引力，才能吸引人们接受该项工作。只有双方都有自由接受或拒绝的情况下，才可能有合约的自由存在；而在目前西方资本主义制度下，情形却并不如此。"

4. 弗洛姆的人本主义改革观

（1）政治改革观：使每个人都参政议政

经济改革必须使先进的发达地区帮助落后的贫困地区。弗洛姆认为，如今比较富裕地区的和平，有赖于比较贫穷地区的经济发展。西方世界的和平与自由，到头来是无法与非洲的饥饿和疾病并存的。西方世界要想获得和平，就必须帮助工业落后的国家。从政治上需要进行哪些改革呢？弗洛姆认为，政治上的改革就是要让大多数人并不参政的西方民主政治体制，改变成为真正人人参政的民主政体。

弗洛姆说，民主的原则是，不是一个统治者和一小群人，而是人民全体决定他们自己的命运，并决定与大众相关的事务。每个公民以投票选出自己代表的方式，被看成是发挥了参与团体事务的功能。19世纪，人们认为普遍选举权似乎能解决所有问题。在民主政体刚兴起时，许多没有产业的人都不得有参政权（选举权），后来渐渐地每个公民都有了选举权，所有采取民主政体的国家都建立了男女都有普遍选举权的制度。然而，普遍选举权的实现并不能解决一切问题。美国总统罗斯福曾经说过，即使在最富裕的国家美国，仍然有三分之一的人民"吃不好、穿不好、住不好"。

在现代西方这种隔阂性的社会中，人们表达意志的方式，与他们购买物品的方式是一样的。购买物品时人们听信广告，选举时人们听信宣传鼓动。政治家们和商人一样，向大众推行他们的政治见解和政治领袖。他们利用电视塑造政治人物，就像商人塑造出一种受人欢迎的肥皂一样。

尽管每个公民相信他左右了国家政策的制定，事实上他的角色并不比大公司的小股东参与公司的控制重要多少。弗洛姆说："他确实做了一点事——投票——也幻想他是决定的制作人，他接受那些决定，仿佛那是他自己的决定，而事实上那些决定是由他无力控制、也并不了解的力量所左右。"正因为这样，一般公民在政治事务中有一种深沉的无力感。

怎样改变这种徒有虚名的民主呢？弗洛姆认为，只靠普遍的选举是不够的，更进一步的民主必须迈向新的一步。一是要认清真正的决定是无法在集体投票的环境中进行的，而只能在相当小的团体中进行，这种小团体成员不超过五百人。在这种小团体中，重大问题可以展开彻底谈论，每个人都可以发表他的意见，并能够听取其他人的意见。参与者彼此之间都有接触、互相认识，这样煽动性的非理性的意见就很难对人们发挥作用了；二是每个公民必须了解事实的真相，以便能够作出合理的决定；三是作为小型的、面对面团体的一员，不论他作出什么决定，对政策的制定都必须具有直接影响力。这样一来，决策的形成就会变得流畅，不仅从上到下，而且从下到上，它是以每个公民主动而负责的思考为基础。弗洛姆说："每个公民以投票的方式把其政治意愿交付给他本身之外强有力者的疏离过程，将为之改观，于是每个个体将得以取回也身为团体生命参与者的角色。"

（2）社会改革观：人道主义社会

弗洛姆指出，经过全面的社会改革，要建立一个健全的人道主义社会。它顺应人的需要，而人的这些需要深深植根于人的生存状况；人恢复到他在社会中的至高地位，人不再作为他人或被利用的工具，经济务必为人类的发展服务，资金必须为劳动者服务，物品必须为人的生活服务；人与人之间相亲相爱地联系着，人与他人的关系是基于友爱和团结；这个社会使人以自己的创造超越自然，而不是破坏自然界；每个人都要获得这样一种自我意识，使这种自我意识能够主宰自己，而不是为了保持与外界一致而委屈自己；这个社会的人具有一种健康的生活方式，这个社会无须歪曲真相以及崇拜偶像来维持社会的稳定。弗洛姆补充说，经过改革进入到的健全的人本主义社会，也并不是一个十全十美的社会，人类社会还会遇到新的矛盾和冲突，我们必须不断地解决新的问题。但是，人类社会有一个历史的新阶段——健全的人道主义社会只是一个新的起点，而不是终点。

弗洛姆指出，在现代社会中，使人免于沦为机器人的危险的唯一途径是人道主义。他认为，无论西方资本主义，还是苏联的共产主义，它们都产生了将人变成为物、变为机器人的官僚主义机构，都不可能解决人类未来的问题。人必须将自然和社会的力量置于自己的意识和理性控制之下，置于自由的、联合起来的生产者的控制之下；而不是置于管理物的和官僚主义机构控制之下。他说，今天人类面临的最基本的抉择，"不是'资本主义'和'共产主义'之间的选择，而是官僚主义和人道主义之间的选择"。他认为，人类只要选择了资本主义或共产主义，就是选择了使人机械化的官僚主义。然而这一事实也不会摧毁我们对人类理性、善良、明智所拥有的信心。尽管人类有走向机器人的危险，但人类最终一定会选择生命，选择人道主义。

显然，弗洛姆将马克思主义与官僚主义等同、与人道主义对立的观点是有失偏颇的，他对马克思关于共产主义社会形式以自由人的"联合体""实现人的彻底解放"的核心思想采取了选择性忽略的态度。因此，亦有其片面性。

4. 弗洛姆的文化改革观

（1）改革教育，使教育承担起培养健全人的责任

弗洛姆认为教育所负担的任务是使大家牢记我们文化的理想与规范，使每个人成为具有自我意识、爱和创造性的人，使社会成为友爱、正义的社会。他说，然而很痛心，我们的教育制度主要在于造就一个对现代社会有用的人，他们仅仅掌握生存的技能，而不是针对其人性的发展把他们培养成为健全的人。因为我们工业文化需要这样一种人：野心勃勃而且富有竞争心，同时也具有某种程度的合作性；尊重权威却又有"合乎人意的独立性"；友善却不与任何人或任何事物有密切的关联。我们的学校用一切努力培养造就的人格，就是市场经济所需要的人格。我们的教育很少给学生以批判思想能力的培养与熏

陶，也很少培养我们文化理想的人格特质。

必须摒弃教育中理论与实际相分离的状况。弗洛姆说："教育应该是：从一开始，理论的教导与实际工作要合二为一；对于青年，实际工作应次于理论的教导；对于超过学龄的成年人，则反之。但是在成长的任何阶段，这两者都不可分割而互不相涉。"他指出，青少年必须有意识地学会某种手艺，否则不应准予毕业。小学阶段，学生必须对我们工业的基本技术过程有一些了解。中学阶段，教育应把手工业的实际工作与现代工业技术融汇在一起。

我们现在的教育只重视对儿童的教育，忽视了对成年人教育的责任。当然，青少年时期是学习读、写、算以及语言的最佳时期，但是对历史、哲学、宗教、文学、心理学等等的了解，青少年时期学到的是有限的。因为想要理解这方面的问题，必须具备相当丰富的生活经验。30 岁或 40 岁到是更适合学习这些东西，那时，一个人完全应该自由地改变他的职业，所以应该有个再学习的机会，使成年人得到充分的自我实现。

必须发挥教育的启迪作用。弗洛姆说：学校教育，如果是知识传达和个性的塑造，则仅是教育的一部分，并且也许是并不重要的一部分；教育的根本意思是诱发、启迪，教育乃是帮助人们实现他们的潜能。"教育"一词的字源是引导，或是把某种潜在的才能发挥出来。与此相反的是操纵，认为只有把正当的东西填入人们心中，把不正当的东西压抑下去，人们才会变好。但是，操纵不是教育，不可能使人成为健全的人。

（2）创造出新的集体艺术或仪式，使人们具有共享性的艺术体验

弗洛姆指出，人即使有知识，能把工作做得很好，即使没

有衣食缺乏之忧，并且也高尚、诚实，然而他也并不满足。人为了要在世界上感到舒适自在，不仅要认识世界，更要以他的感官和整个身体抓住这个世界，人创造了哲学、神学和科学。假使人以他的感觉将他抓住的世界表现出来，他就会创造艺术、仪式，如歌曲、舞蹈、绘画、雕刻等。因此，健全的社会必须有人们共享性的仪式、娱乐和艺术体验。"从互不相识的社会转变到共同一体的社会，仿佛再度创造一个社会，使大家能够再度一起唱歌、一起散步、一起跳舞、一起砥砺——凡事都是一起的，而并非'寂寞人群'中的一分子。"

弗洛姆说，我们现代的仪式是贫瘠的，无法满足人们对集体艺术与仪式的需要。宗教性的仪式除了对天主教徒之外几乎不再具有什么重要性。世俗的仪式几乎已不存在。没有积极建设性的参与，没有共同体验，对于生命没有表现出有意义的答案。在一个仍然保留真正的节日祝宴，有共同参与及分享的艺术表现的原始部落，他们在文化和精神方面，倒比我们西方这种教育普及、报刊、广播等媒体的文化要进步而且健康些。

我们应该创造出集体的仪式与艺术。集体艺术可从幼儿园儿童的游戏开始，以后在学校中继续下去，一直到人的后半生为止。我们将有共同的舞蹈、歌曲、戏剧、音乐、乐团。这里决定性的因素是具体的、面对面的小团体，是每个人积极主动的参与。在工厂、乡村、学校、小规模的政治讨论小组，都可以创造各类共享的艺术活动。如果需要，这些活动可以由政府给予资助，但是绝不是由政府来"灌输"政治说教，这样会丧失活动的吸引力。

（3）所有人都要践行宗教的精神体验：求得人性的尊严、友爱与正义

弗洛姆说，如今威胁人们精神素质的，并不是什么太阳神和月亮神。在强制性的国家中，国家把权力奉若神明，在我们的文化中则把机器和成功奉为神明，因此我们没有狂热的宗教信仰，大可不必再争论神的问题。作为人，不论是否相信有神的存在，都应该有自己的信仰，弗洛姆说："凡是信神的人，都应该以生活来体现他们的信仰；凡是不信的，都应本着爱与正义箴言生活。"

弗洛姆提倡的宗教精神主要包括这样几个方面：首先是对人的存在的感悟。宗教体验的一个方面是对宇宙人生感到疑惑不解和不可思议，从而去考虑人与世界关系中的各种根本问题，最终达到一种醒悟，特别是对人的存在的醒悟。正如苏格拉底说的，困惑是智慧的开端。其次是终极忧患。所谓终极忧患并不是与满足愿望联系的、被情欲所驱使的忧患，而是与生活的意义、人的自我实现、如何完成生命赋予我们的使命等等问题相关的忧患。最后是万物归一。万物归一的体验，不仅指体验到人自身内部的统一，而是指自己与万物众生乃至整个宇宙的同一之感觉。这种体验包含着将自己作为分离的、唯一的痛苦意识，这种痛苦来源于对自我生命不可重复、不可替代的特殊认识；它包含着对打破个体局限进而与整体融为一体的渴求。宗教的态度，就是在感到骄傲与完善的同时，又感到渺小和谦卑，这是由个人体验到自己在宇宙中实在不过是沧海一粟而引起的。

弗洛姆的人本主义宗教态度主要包括：一，具有感受生活的能力，把生活看成需要不断寻求解决问题的过程，将人的存

在视为生活的根本问题；二，总是渴望得到自我发展，渴望以最适宜的方式发挥自己所有的内在潜力；三，在价值判断中，将人与人性放在首位；四，坦荡地面对世界，具有团结意识和全身心参与的渴求；五，具有超越精神，克服自我局限性，摆脱个人主义、贪婪、自恋，摆脱各种形式的乱伦心态和破坏性等消极倾向，并针锋相对地培养自己爱的能力、创造能力和认识真理的能力，使自己善于运用自由的权利，并准备为坚守自己的信念而吃苦。

根据弗洛姆的理论，神经病的病因就是缺乏宗教信仰或被迫屈从于集权主义，也就是缺乏人本主义宗教精神。精神分析的治疗，就是要帮助患者去发现自己身上的症结所在，最后走向心理健康。精神分析家只能安慰和鼓励病人，把梦的象征语言转译成为觉醒时的语言，这对于治疗疾病十分有益。但是精神分析家不能代替患者去生活，去体验生命。而患者的最终解脱还是要亲自体验宗教的精神，感悟大千世界的奥秘。

第 7 章

弗洛姆心理学理论对世界的影响与贡献

一、弗洛姆心理学的理论贡献

弗洛姆在研究心理学过程中，自觉引入并以马克思主义理论为指导，他认为马克思是具有世界意义的人道主义者，马克思思考问题的深度远远超过弗洛伊德。马克思与弗洛伊德在研究人的问题上既有区别，又有共同点。比如，他们都具有怀疑精神，相信真理的力量等人道主义思想。作为一个西方学者，能够客观地评价马克思，抛弃意识形态的偏见，对世界具有重大的影响。

1. 诠释马克思的人的全面发展理论，使马克思主义有了世界语言

在弗洛姆看来，马克思学说的实质是人的解放，马克思主义是伟大的人道主义者。

第一，马克思哲学的核心是人的存在与发展问题。弗洛姆

认为，马克思哲学代表了一种抗议，抗议人的异化，抗议人失去他自身，抗议人变为物。这种抗议充满着对人的信念，相信人能够使自己得到解放，使自己潜在的才能得以实现，这是马克思的一个特征。马克思的目标是使人在精神上得到解放，使人彻底摆脱经济决定论的枷锁，使人完整的人性得到恢复，使人与其伙伴们以及自然界处于统一而且和谐的关系之中。

第二，马克思主义认为人的本性是人的自由自觉的活动、是人的自我实现。在马克思看来，人具有一种特定的潜能，在改造世界中，这些潜能得到充分的发挥，人创造了自己的历史，人就是他自己活动的结果。所以全部历史不过是人通过自己做出的创造，历史是人自我实现的历史。马克思从人类的自我实现这个思想出发，得出与政治经济学中标准不同的富与穷的新理念。弗洛姆指出："自由的人是富有的，但不是经济上的富有，而是作为人的意义上的富有的。马克思眼中的富人，是本身即为富足，而非拥有富足者。"

第三，马克思主义提出社会主义，绝不是把个人严密地编组起来、像机器一样的自动化社会，不管这个社会里收入是否平等，也不管他们是否吃得好和穿得好。社会主义不是一个个人从属于国家、从属于机器、从属于官僚政治的社会。社会主义就是克服人的异化，使人得到全面的发展。弗洛姆认为，马克思的社会主义的建立，就是为了克服异化，把异化的、无意义的劳动转变成生产的自由的劳动，使人得到自我实现，成为一个全面发展的、真正的人。

第四，马克思是具有爱和创造性的人，是其关于人的概念的真正体现。弗洛姆认为，马克思关于真正的人的思想在他自己身上得到了充分体现，马克思是一个具有爱和创造性的独立

131

的、完全的人。然而在马克思的著作遭到歪曲的同时，马克思人格也遭到歪曲。马克思被描绘成离群索居、落落寡欢、盛气凌人、狂妄自大和权力熏心的独往独来的人。弗洛姆说，这种说法根本不符合马克思的实际情况，马克思是个不屈不挠追求真理的人，代表了西方传统的精华。

当然，弗洛姆也指出了马克思理论的不足，由于马克思过高地估计了经济和政治制度的作用，忽视了社会心理因素对人的影响，所以马克思的人道主义实行起来，在一些地方导致了相反的结果。弗洛姆认为，马克思主义理论有三个不足：一是忽略了人的道德因素，以为只要改变生产关系，人类道德就会自然提高；二是相信美好社会主义立即到来，对社会主义社会的长期性估计不足；三是认为生产工具的社会化是主资本主义转变为社会主义充分而必要的条件。这三个不足产生的根源是对经济与政治制度的作用估计过高，忽略了人的复杂社会心理因素。也可以说，马克思关注宏观的社会变化，而轻视了社会的微观影响，忽略了复杂的社会心理对社会发展的反作用。

2. 欧洲人文主义传统的心理学研究得以复兴

弗洛姆的人本主义发扬光大了精神分析中的人文精神，从而形成了一种人本主义的心理学。他的人本主义精神分析学说自始至终洋溢着浓郁的人文气息。弗洛姆批评科学主义心理学抛弃了先哲们所创立的伟大传统，认为心理学就应该去研究先哲们所讨论的问题，这就是人的本性、人生的幸福与价值等问题。

弗洛姆提倡以人为本的幸福是价值的唯一标准。在价值观上是使人成为价值的尺度，那么，快乐或痛苦似乎就该成为善恶的最终裁判者。他把快乐分为两类：一是解除痛苦的紧张所带来的感受；二是解除心理（精神）紧张所带来的感受。前者如饮食男女等生理需要的满足，后者如对名誉的渴望，支配、嫉妒、猜疑、喝酒等心理需要的满足。第一类快乐是正常的，并且是幸福的一个条件，可称之为"满足"。第二类快乐是暂缓的、病态的，并且本质上是不幸的表现，可称之为不合理的"快乐"。"不合理的快乐"自然不是幸福，即使"满足"，与幸福也有差别。"满足"是消除因缺乏而引起的生理上的紧张；幸福则是充足基础上人的自由和生产性的表现。

幸福是真正的快乐，是主体努力的一种成就，它不是生理或心理需要缺乏的产物，而是思想、情感及行动上全部生产性活动的产物。幸福为价值观与快乐主义的不同在于，幸福的人不企求消除或逃避一切痛苦，而是以积极的态度对待不可避免的痛苦，在此过程中实现自己的潜能，并分享成功的喜悦，因此，'幸福的对立面并不是悲伤或痛苦，而是意志消沉"。而快乐主义是追求感官的刺激，没有追求心灵的体验。

良心决定于自己的价值判断，是自爱和自我关心的声音。所有的人都说自己依良心而行事，那么何谓良心？弗洛姆把心理动机分为两类：第一类，处于对外部力量的害怕、畏惧和羡慕，有意无意把权威（包括父母和国家）的所作所为当作伦理和道德的立法者，自觉地服从他们，并使之内化为自我的一部分，这是权威主义良心。第二类，来自内心的赞成，来自正直的情感，是自爱和自我关心的声音。这种"人道主义良心"代表真正的自我，包含着道德体验的本质，表现了人的自身利益和人的完整性，是人们应当据以行动的真正良心。

在信仰危机的西方社会中，弗洛姆坚信人活着不能没有信仰，这一点确实难能可贵。但他反对盲目的非理性信仰，因为这种信仰屈从于被认为是无所不知、无所不能的权力，放弃了自己的权力和力量。他主张源于我们自己的观察和思考的理性的信仰，因为这种信仰发自内心的体验，是经验的、自愿的、自由的。在弗洛姆看来，植根于生产性经验之中的信仰不可能是消极的，它只能是真正的内在活动的表现。

3. 发展和完善了精神分析理论

弗洛姆把人的需要、情感、性格和潜意识这些精神分析的研究范畴，放到了广阔的社会经济、文化的具体历史条件下去考察，把人的基本需要归结为自然、他人、社会和自我建立联系的需要，把心理疾病归结为在不健全的社会中，人不能与社会建立合乎理性和爱的原则的健康关系。这些观点超越了弗洛伊德对人的理解，完全不同于泛性论的观点。他把弗洛伊德的个体心理学改造成为社会心理学，把个人病理学改造成为社会病理学，用社会文化代替本能论，不但拓宽了精神分析的视野，完善了精神分析的理论结构，而且在实践上使精神分析学家从单纯医治个人疾病的狭小圈子里走出来，参与到社会实践改革的实践中去。

具体来说，我们不能只是肯定弗洛姆超越了弗洛伊德的泛性论和本能论的束缚，因为这个工作早在弗洛姆之前就有人做了，他们看到了弗洛伊德的局限性。弗洛姆的特殊贡献主要表现在三个方面：一是把人的心理现象放到了广阔的政治、经济和文化等社会环境中去考察和研究，他特别关注在一定的经济结构中具体的劳动方式、分配方式和生活方式对人的影响；二是在研究人的心理疾病时，以大多数群体为研究对象，而不是以少数人为研究对象；三是把医疗心理疾病与改革社会现实结合起来。

　　人会患精神病，成为病态的、不健全的人，那么社会是不是也会患病，成为病态的、不健全的社会呢？弗洛伊德在其《文明及其不满》中指出，社会也会患病，并且第一次提出"社会神经病"这个概念。弗洛伊德认为，假使人的演化和人的发展相类似，而且假使两者都以同样的方式演化，那么许多文明体系或文明时代在文明潮流的压力下已患了"神经病"。但是对社会神经病的诊断和治疗遇到了特殊困难。弗洛姆正是敢于从事对社会神经病进行病理学研究工作的人。弗洛姆把精神分析学说与对社会分析结合起来，探索对社会病态的诊断和治疗。弗洛姆指出，判断一个社会是否健全的标准，是看这一社会是否满足人的基本精神需要，是否有利于人的健康发展。根据这一判断标准，他指出，现代西方社会是病态的、不健全的社会，因为现代社会把活生生富有爱心和创造性的人变成了机器人。弗洛姆把对人的精神分析扩展为对社会的改造，他为改造现代社会病设计了治疗方案：对现代社会进行政治、经济、文化、心理各方面的彻底改造，建立一个健全的社会制度，它既不是资本主义，也不是社会主义，而是人本主义或人道主义社会。弗洛姆的这个构想虽然有一些空想的成分，但是不拘泥现成社会制度的比较，不断探索理论创新是值得肯定的。

4. 重视社会心理学对意识形态的影响

　　弗洛姆把社会性格和社会潜意识作为联系经济基础和意识形态的中介，弗洛姆看到社会心理学作为一种能动力量，影响着社会的意识形态。弗洛姆通过动态地考察经济、心理和意识形态的相互关系，得出马克思、恩格斯在研究经济基础决定上层建筑，以及社会意识如何反作用于经济基础时，没有认识到社会心理对社会意识形态的作用。普列汉诺夫注意到了社会心理，但是他把社会心理学仅仅作为一种低层次的社会意识，认为高层次的社会意识只有意识形态。因此，普列汉诺夫没有重视对社会心理学的认识，忽视了社会经济基础与上层建筑相互联系的中介。

弗洛姆以其对社会心理的认识，看到了社会心理对社会意识形态的影响，并且强调社会心理学的相对独立性以及它在社会结构中的重要地位。他使用社会性格和社会潜意识两个概念，使得社会心理的概念具体化了，人们正是通过运用这些概念，加深了对社会现象的分析。这里应该特别指出，弗洛姆对资本主义社会的批判和分析，与马克思主义的批判分析常常不谋而合，批到了资本主义的要害。

5. 心理学研究的社会功能得到加强

弗洛姆的社会心理学与传统社会心理学相比有两个进步。一是在研究对象上，选择那些迫切关系到社会历史发展进步的社会心理现象，如对纳粹主义兴起的研究。这些研究克服传统心理学只注重研究局部、只重视从人类学角度研究的局限性。弗洛姆十分重视对社会进步产生重要影响的问题，这些问题也是当前的社会热点问题。

弗洛姆继承了启蒙运动的理性主义和人本主义的批判精神，借助精神分析方法，对资本主义社会中种种不健康的现象进行了深入的分析。这种关注社会进步和人的健康的批判精神

136

是难能可贵的。弗洛姆把社会看成一个动态的有机联系的整体，从宏观的广泛联系中研究各种心理现象，克服了传统心理学只重视微观的心理现象。这与弗洛姆所接受的马克思主义理论密不可分，马克思分析社会问题的宏大视角启发了弗洛姆。以往心理学家往往只把一种心理学的研究成果推演成一种广泛适用的社会学说，这就容易导致人心决定论和心理主义的陷阱。弗洛姆在辩证唯物主义思想的指导下，研究人的心理，避免了重蹈唯心主义的覆辙。

弗洛姆的社会心理学在范畴体系上有自己独特的创造，他发现人在一定的环境中形成了一定的需要，在满足个体需要的过程中形成了一定的性格和潜意识。这种逻辑思路，在心理学上是一种很容易被人接受的探索。他关于人的处境的分析，对于历史的矛盾性与存在的矛盾性的区分具有启发意义。在需要问题上，弗洛姆认为人的基本需要是在人与自然、他人、自我逐步分离的处境下形成的与世界联系起来的需要，把人性放到人与世界的关系中去考察，这与弗洛伊德的本能论大相径庭，更加突出了人的社会性。在性格理论上，他对弗洛伊德的个体病理学概念进行社会心理学的改造，提出了与现代西方社会相符合的、具有针对性的性格类型学概念，他的二象性格类型学的理论（不健康—健康）包含着明确的价值判断。

在社会潜意识理论上，弗洛姆也有自己独特的创新。潜意识学说是精神分析的理论支柱，弗洛伊德的个体潜意识理论带有浓厚的生物学化和机械决定论色彩，荣格的"集体潜意识"理论带有浓厚的神秘主义先天论的色彩，弗洛姆的"社会潜意识"理论则强调时代性而不是遗传性，强调文化模式特别是意识形态作用，把"潜意识"范畴带到更广泛的社会领域，启发

137

人们对于资本主义文明的批判和反省。

二、对弗洛姆理论的批评

1. 弗洛姆历史观的局限性

弗洛姆认为，随着社会文明的进步，特别是工业文明的出现，人与自然、人与人、人与自我的关系疏远了，从而使人产生了种种病态心理。这种观点虽然受到了马克思异化理论的影响，但它不是马克思的唯物史观。在古代，人一方面与自然有密切的关系，同时自然界也对人类的生存构成威胁，使人畏惧自然、崇拜自然。正如马克思指出的那样："自然界起初是作为一种完全异己的、有无限威力的和不可制服的力量与人们对立的。"因此，古代人与自然对立一面是主要的，密切关系是外在的、物理的；对立关系则是内在的、心理的。

人只有通过劳动，通过征服和改造自然，自然才逐渐成为人类的朋友。只有自然不再构成对人类的威胁，人与自然的关系才能是真正密切的、和谐的。劳动使人自身得到了发展，同时使自然成为人化的自然。在工业社会里，人与自然的对立是非常明显的，但是由于自然对人类的威胁减少了，自然变得更加美丽了。这时，对立变成了外在的、物理的；密切关系则成为内在的、心理的。而弗洛姆只看到现代文明与自然界的对立，看到人类对自然界的破坏（这些批评是正确的、重要的），但是他抛开了辩证的实践观和劳动观点，就不能正确理解人与自然的关系。弗洛姆虽然接受了马克思的劳动学说，但是他并没有从思想体系上理解马克思的劳动学说，没有掌握它的精神实质。他的片面性表现在不能辩证看待在文明进步过程中的人与自然的关系。

在论述人与人关系时，弗洛姆的观点也有些片面性。他认为古代的人虽然物质条件差，但是有安全感。其实，古代人是一种低水平的安全感。因为古代人的命运、生活都是很艰苦的，自己的生死常常掌握在别人手里，没有多少安全感。弗洛姆虽然反对把欧洲中世纪理想化，但他对中世纪的描述仍有理想化的色彩。现代人的不安全、人与人之间的疏远也只是一方面。自己选择生活道路，靠自己的努力实现生活的目标，在不安全的同时也感到安全和踏实。这里需要指出的是，弗洛姆所说：古代人有归属和安全感，但没有独立和自由；现代人有独立和自由，却没有归属和安全感。只看到归属和独立的表面现象，没有看到古代人的归属和安全，与现代人的归属和安全的概念内涵已经发生了深刻的变化。

在古代，人的自我意识没有充分发展起来，所以人的自我意识是非常模糊的；现代人格在自我分裂、疏远的同时，自我意识却在不断完善，这使得现代人比古代人更加关心自我的深层心理活动。现代人对自身的认识和了解远远超过古代人，现代人通过解剖学理论，能够更为准确描述人的心理变化，科学的发展极大地提高了人的自我认识，这是一种进步的表现。绝不能因为社会发展过程中出现了一些社会矛盾，就全盘否定社会发展的进步。

2. 弗洛姆分析问题的片面性和绝对化

弗洛姆在分析现代工业社会对人的影响时，几乎没有从积极的方面去看问题，似乎工业社会的进步和成就不存在，其影响全是消极的、病态的。他只是在论及社会改革时，才原则性地说明健全的社会要在资本主义成就的基础上建立起来，反映了他在对待工业文明时表现出的情感和理性的矛盾。他在感情上与现代社会格格不入，在理性上又承认工业社会的成就。他的社会理论常常陷入激进与改良的矛盾中，在批判社会的现实时，他表现出激进的革命情绪，似乎非来一场革命，否则不能解决问题。但是在谈到未来社会时，他又说不必进行暴力革命，甚至所有制问题也不是根本问题，只要改变劳动过程中的组织方式，保证每个人都积极参与生产管理，就能从根本上改变现代人的处境。

弗洛姆在谈到人的存在的矛盾时，存在着悲观主义与乐观主义的矛盾，一方面他认为人存在的矛盾是无法解决的，表现出一个悲观主义者的思维方式；但是，他又在另外一个场合说，人存在的矛盾可以通过改造社会、发展人的创造性而得到解决，这时他的思想带有犹太教—基督教的救世主义，表现出一个乐观主义者的思维方式。从总体上看，在弗洛姆头脑中，基督教的救世主义精神和乐观主义在头脑中占有主导地位。

在弗洛姆身上还存在非理性主义与理性主义的矛盾。一方面他把社会心理归结为潜意识，并称赞潜意识的积极作用，弗洛姆既崇尚非理性的潜意识，在意识上又崇尚理性主义。另一方面，弗洛姆把意识和意识形态与理性主义区别开来。意识和意识形态一概是虚假的，是真实的潜意识和社会潜意识的压抑，理性则是对世界本质的认识。在这里弗洛姆只看到占有社会统治地位的意识形态的虚假性和欺骗性的一面，而否定了意识和意识形态本身包含的真理性。因为世界是多元化的，不能仅仅从形态上去划分真理与否。

弗洛姆把心理学术语与概念混为一谈，这表现在，他一方面沿用弗洛伊德生物学化的个体心理病理学的术语，如乱伦、自恋、恋尸癖等，另一方面又赋予它们完全不同的心理学的含义，如把对母亲的过分依赖说成乱伦；把人因科学进步和技术发明而产生的满足和自豪感说成是自恋；把人对金钱和财产崇拜、对秩序和整洁的偏好说成是恋尸癖；等等，这使人感到弗洛姆使用的术语和概念的含义之间的脱节。其实从习惯上讲，术语不能等同概念。所谓术语就是一个词，只是代表或者标记概念的符号而已，而且对于同一个词，不同的人可能有不同的理解。概念是反映事物的本质属性的思维形式，人在认识过程中，从感性认识上升到理性认识，把所感知的事物的共同本质特点抽象出来，加以概括，就成为概念。所以说，术语是人们对事物的表面形式的认识，概念是人们对于事物本质的认识。

弗洛姆对社会所有制的论述也十分矛盾。弗洛姆反对人剥削人的私有制，主张公有制。但是他在分析当代资本主义世界的异化时，却又抛弃了马克思主义关于异化劳动的根源是私有制的思想，把异化根源归咎于大工业生产本身。而在如何消除异化的问题上，弗洛姆则认为异化的私有制不是根本，根本的问题是让每个人都了解生产的全过程并积极主动地参加生产和管理；他还主张让工人购买股票，从而获得所有制问题的解决，这实际上是主张普遍的私有制，让工人都成为资本家，其实这根本不是公有制。

三、弗洛姆的心理学理论对我国心理学者的启示

20世纪80年代，我国的心理学研究刚刚起步，弗洛姆心

理学理论对我国的研究工作产生了两个方面的积极影响。

1. 弗洛姆把马克思主义理论应用到心理学研究中，是对人类 文化的一大贡献

在我国，一些心理学者对运用马克思主义理论研究心理学能否取得成果持怀疑的态度。而弗洛姆的心理学的基本范畴——社会性格和社会意识，及对它们功能的分析，对现代人的处境和心态的分析，都运用了马克思主义的理论。他把马克思主义作为一种指导思想来指导研究心理学，其方向是正确的。当然，我们也不可否认，他对马克思主义的理解，有些还比较肤浅，有些是形而上学的机械照搬照抄。

马克思所采用的方法是社会分析的方法，从政治、经济方面着手对早期资本主义社会进行了细致入微的分析；弗洛伊德则着重于心理分析的方法，从人性方面着手，对人的需要及人的潜意识进行了全新的分析。而弗洛姆把这两种分析结合起来进行研究，从方法上来说，是他超越于马克思和弗洛伊德的地方，也是他对人类文化的一大贡献。

弗洛姆心理学运用了马克思主义的异化理论，在弗洛姆看来，异化是一种体验方式。在这种体验中个人觉得自己是一个外人，或如人们说的他变得和自己疏远起来。弗洛姆明确把异化作为一种体验方式，他把自身生命的价值投射到自身之外的某种力量上，他再也体验不到自己是这个世界的中心，他丧失了自我意识、丧失了自身的主体性。事实上，人已经不再是他应该成为的、潜在的那个样子，人的存在和人的本质相疏离，这就是人的异化。

弗洛姆认为，人性的异化主要表现在以下几个方面：第

一，人与自然的关系的异化。人与自然本来是一体的关系，处于一种原始的和谐之中。自然界是我们生存的条件，是我们自然的身体，所以我们是自然的一部分。但人类对自然界无节制的掠夺必定会遭到大自然的报复，并最终会给人类带来毁灭性的后果。第二，人与社会的关系的异化。社会本是由人组成的有机整体，但人与社会的关系却往往处在异化之中，这种异化在人与社会的关系上就表现为自由与安全的两难。弗洛姆对人与社会关系的描述可以归结为一句话："中世纪的安全是不自由的安全，资本主义的自由是不安全的自由。"第三，人与人之间的关系的异化。在经济利益至上的资本主义社会中，人与人之间的关系已丧失了那种坦率的、符合人性的特征，而是渗透着互相利用、互相操纵的精神。市场规律不仅操纵着经济的运行，也统治着所有的社会关系和人际关系。人际关系已失去了人与人之间关系的特征，而变成了物与物之间的关系，但是，最严重的异化可能还是人与其自身关系方面。

弗洛姆的异化理论与马克思的异化思想还是有很大区别的。在弗洛姆看来，异化以人的主观异化展开，是大多数人的异化，存在于生产、消费、流通等领域，因而是"总体异化"。人的活动史也就是人的异化史，因而一部人类的社会发展史，也就是一部人类的异化史。这显然是抽象、思辨、直观的观点。

2. 弗洛姆是西方马克思主义最具典型意义的代表

弗洛姆是 20 世纪美国著名的哲学家、社会学家、心理学家和伦理学家。他是继早期西方马克思主义者之后的西方马克思主义者。他之所以被称为西方马克思主义者，原因如下：第一，任何思想家的思想都不可能离开他的社会条件而凭空产生，也不能离开已有的思想靠想象来杜撰，弗洛姆的哲学思想也不例外。他的思想体系十分复杂，其来源是多元的，主要有弗洛伊德的精神分析学说、马克思的有关学说、法兰克福学派的"社会批判理论"、东方的禅宗思想。而对弗洛姆哲学观产生关键影响的是弗洛伊德的精神分析法和马克思的学说。他把马克思和弗洛伊德的思想进行了融合，但不是简单地相加，他是信仰马克思主义的，并且立足于西方的社会历史条件和文化传统，通过精神分析的方法来重新解读马克思主义哲学。

第二，他继承了马克思主义哲学的传统即对资本主义社会的批判，对资本主义社会下总体异化的批判。他所要解决的问题是，如何在一体化趋势日益明显，个人被吞没、被支配的西方社会里，寻找一条超越资本主义社会和现实的社会主义社会的人道主义的社会主义。

第三，弗洛姆坚持了马克思主义哲学的现代性质和价值向度的趣旨。从西方马克思主义的发展过程来看，弗洛姆在卢卡奇、葛兰西、柯尔施等早期西方马克思主义者之后。这些早期的西方马克思主义者一开始就受到共产国际的批判，其结局是要么留在党内，可以阅读马克思主义的著作，专注理论研究，但对党的政治路线保持沉默；要么就脱离共产党，自由发表自己的见解。这两种选择都导致西方马克思主义者脱离有组织的工人运动，这里的脱离并不是指其理论研究的对象脱离或完全脱离社会或时代问题。恰恰相反，西方马克思主义者是以实践为基础，以人类社会为其研究对象的，其目的在于更好地关注人类社会生活。这就决定了其理论必然会落实到人的现实生活世界，通过政治批判、社会批判、文化批判探寻人的自由和解放之路。弗洛姆也是沿着这一序列进行其理论研究和现实关照的，面对西方不健全的社会和人，试图通过宏观上社会结构的变革和微观上的心理革命来建构一个健全的社会和实现人的自由和解放。从这一点来讲弗洛姆是一位西方马克思主义者。

3. 弗洛姆心理学研究紧紧围绕社会现实，使得心理学理论扎根于社会实践

我国学者在研究心理学过程中，更要紧紧联系中国实际，研究中国的实际问题和热点问题，不能回避敏感问题，这才是科学的态度。作为一个发展中国家，在社会发展过程中，必然遇到大量的社会问题和社会矛盾，而这些社会问题的解决往往需要多学科共同研究和解决，社会心理学是一个非常重要的方面，是一个不可缺少的社会角色。例如，对"文化大革命"研究，就需要多学科来进行，那些亲身经历的学者如果不去研究，就会留下永久的遗憾。因为亲历亲为的心理体验是不可替代的，依靠资料是得不到的。

弗洛姆在改革方法上特别强调改革是一个系统工程，不理解整体，个体中的任何一个单一元素都是不能被理解的，整个系统中的其他元素不发生变化，没有一个单一的元素能被改变，即使是很小程度的改变。任何忽视一方面而强调另一方面都会导致失败，因此要在政治上、经济上和文化上同时有所改变，才能达到健全与精神健康之境。

弗洛姆提出的经济上的改革与马克思的思想是一致的。马克思认为，工人阶级要通过对资本家的剥夺掌握国家机构对企业实行管理和领导。即使在取得了巴黎公社的经验之后，马克思也没有抛弃关于工人自己管理企业的思想。他认为，集体化

的工人直接掌握生产资料就是克服了资本主义的矛盾。共同劳动的人应通过共同的计划来决定生产资料和生产成果的作用，为了达到这一目标，不仅不要建立一个专门的国家机器，相反，国家官员应大大减少，而且应受群众的直接监督。实行工人共同劳动、共同管理，充分发挥工人的自主权是马克思所一再强调的，而且也是提高经济效益和克服异化的有效途径。

弗洛姆是精通马克思主义的专家，他的许多思想都是直接渊源于马克思的，如人本主义思想、政治、经济思想等等，特别是他的经济改革思想，与马克思的如出一辙。而且他的经济改革的主张，对我国当前的经济改革也有着现实的指导意义。我国当前的经济改革，就是要实行所有权与经营权分离，把经营权真正交给企业，理顺企业所有者、经营者和生产者的关系，切实保护企业的合法权益，使生产者直接经营企业。这就把生产者的利益与生产结合起来了，充分调动了工人的积极性。另外，弗洛姆还认为，要加强各经济区的经济协作等等，无不对我国当前的改革有着重大的参考价值和实践价值。

4. 对中国的社会心理学的现实问题研究具有启迪作用

虽然弗洛姆分析的是资本主义社会中人们所面临的自由困境，然而，他的思想可以拓展我们分析问题的视角，使我们能更好地考察当代中国的诸多社会心理现象。

（1）有助于我们去探寻某些社会现象的心理根源

现代人自由困境的核心问题是，在外部环境的压力下，个人所体验到的只有孤独无助与无能为力。我国正处于转型时期，深受经济全球化及各种外来文化的影响，整个社会都在发生着广泛而深刻的变化。多元的价值观念使人们的思想、行为有了更多的自由，人的个性也得到空前的尊重与展现。但是，面对市场经济的风险，个体常常感到孤立无助与不知所措。面对光怪陆离的社会现象，贫富分化、下岗失业等因素的困扰，许多人产生焦虑情绪，导致心理失衡。与经济的高速发展、生活的急剧变化相伴随的是丛生的各种社会问题，诸如暴力行为、贪图享乐、贪污受贿、见利忘义等等。这些社会问题的产生，固然有其社会政治或经济原因，但也有复杂的心理根源。例如，在我国流传几千年的"官本位"思想，其心理根源就在于大多数人的"极权主义"性格。通过追逐权力或依附于权势，可以获得自我曾经丧失的力量，使自我与周围世界、与他人联系起来，以此摆脱孤独无力之感，从而获得生存的意义与价值。在实际的社会生活中，如果没有权力的庇护，当个体的生命、尊严和价值观念遭到严重打击、个人又难以应对时，往往倾向于以暴力等破坏性行为来对抗社会压力，逃脱个人的渺小感和无力感。如果这种破坏性行为针对的是自己，那么就容易导致自杀、自虐等行为；如果这种破坏性行为指向别人，则易造成对他人和社会的危害。

（2）有助于我们深刻理解青少年在成长过程中的反抗行为

自由是人类生存的基本特征，个体化是个体成长的必经之路，渴望并追求自由是青少年正当的心理需求。对于他们而言，追求自由意味着要摆脱先天本能对自身行为的限制，体现自我的力量；还意味着要脱离父母、老师的呵护与照顾，逃脱成人社会对自我行为的限制，实现自我的成长。因此，在青少年成长的过程中，与个体自我意识发展共生的是对成人世界的反抗。这种反抗是青少年自我意识觉醒、自我能力增强的一种体现。对此，成年人应当有足够的认识和充分的思想准备，既

147

要接纳、理解青少年的反抗行为，又要对处于反抗期的青少年进行恰当的教育引导。

（3）有助于我们把爱正确运用于儿童教育

弗洛姆将成人对孩子的爱分为两种表现形式，即母爱与父爱。这里需要指出的是，弗洛姆所划分的母爱与父爱，只是就爱的性质而言，不一定与实际的母亲和父亲的身份相对等。这两种不同性质的爱有着不同的特征和功能。母爱作为一种积极的情感，它是无条件的、非功利的。母爱是对孩子生命和需要的无条件的肯定。无论孩子做错了什么，有没有实现父母的期望，母爱都会与他同在。正是这种无私的母爱，牟稚嫩无助的孩子带来了身心的满足和安全，为孩子的成长提供了坚强的后盾。父爱则是有条件的、功利的爱，其原则是"我爱你因为你实现了我的期望，因为你尽了你的义务，因为你像我"。孩子不需要通过努力就能得到母爱，但若想得到父爱就必须通过自身的努力。可见，母爱是不受孩子控制的，父爱却是孩子自己能够控制的，只要他愿意服从、遵守成人所规定的秩序和原则。随着孩子年龄的增长，需要独立时，父爱的积极作用就显示出来，它赋予需要交往、渴望融入群体的孩子责任、纪律和理性，为孩子独立、走向社会提供必不可少的帮助。

在弗洛姆看来，母爱与父爱既有积极的一面，也有消极的一面。对孩子而言，母爱是被动的，过分沉溺于母爱的孩子难以摆脱对他人的依赖，也就无法真正在精神上成长为独立自由的个体。当然，过早或过分接受父爱洗礼的孩子，虽然能够独立自主，但难免会变得过于刻板教条、冷漠无情。可见，在孩子的成长中，既要有母爱的呵护，又要有父爱的约束。母爱的"爱的原则"和父爱的"理性原则"是一对不可消除的矛盾，教育的艺术恰恰体现于如何在这二者之间取得平衡。然而，在现实生活中，我们不经意间就走向了极端。要么过分溺爱孩子，无条件地满足孩子的各种需求，纵容孩子的任性行为，对孩子的言行举止不作任何要求，致使孩子养成依赖、脆弱的个性，不能独自面对未来的生活；要么又对孩子过于严格要求，铁面无私，赏罚分明，从而又使得孩子过早地世俗化，失去童真，缺乏爱心。以上两种情况还都只是各走了一个极端，最糟糕的是将母爱与父爱的消极方面结合起来，高兴时让孩子随心所欲、有求必应；烦躁时对孩子吹毛求疵、百般挑剔，致使孩子无所适从，陷于紊乱，长此以往，难免出现心理或行为的病态。当然，最理想的莫过于将母爱与父爱的积极方面结合起来，既要无条件地接纳孩子，让孩子体验到身心的满足与安全；又要对孩子提出适当的要求，让孩子更好地适应未来的生活。

弗洛姆认为，爱既是一门艺术，更是一种能力。父母对孩子的爱关键在于父母是否有爱的能力。在弗洛姆看来，只有创造性的健全人格，才能使自己成为成熟的人，拥有爱的能力。

自爱是衡量一个人是否具有创造性的健全人格的重要标准。弗洛姆所谓的自爱，不同于自私，也不等于无私。自私和无私都将爱他人与爱自己对立起来，而自爱与爱人并不矛盾、冲突。"在所有能够爱他人的人身上，都可以发现他们同时是自爱、是珍惜自己的生命存在和幸福的。"真正具有爱的能力的人，同时又是自爱的人，也只有自爱的人才能够给孩子以积极正面的影响。弗洛姆曾引用《圣经》里对上帝答应给亚伯拉罕及其后裔的土地"到处都流动着奶和蜜"的描述来比喻自爱的母亲对孩子的爱。"奶"象征着母亲对孩子无微不至的哺育、关爱、呵护；而"蜜"则象征着母亲能够让孩子体验到生活的幸福、生命的甜蜜。母亲不仅要养活孩子，还应让孩子热爱生活，让他感受到做一个小男孩或小女孩是多么的美好。大多数母亲都能给予孩子"奶"，而只有自爱的母亲才能够给予孩子"蜜"。自爱的母亲，她自身就是一个热爱生活、享受生命、积极向上、幸福快乐的母亲。

然而现实生活中，能够被自爱的父母或老师所爱的孩子也许并不多。我们经常能够听到这样一些来自父母的抱怨："为了你，我放弃了工作""为了你，我牺牲了我的爱好和追求""为了你，我……"此外，我们也常常以"蜡烛燃烧了自己，照亮了别人"来比喻老师的无私奉献。成人总是以为只有委屈自己，才能成全孩子；只有牺牲自己的快乐，才能换来孩子的幸福。而在弗洛姆看来，这种隐藏在父母或老师身上的对生活的敌视（当然这种敌视并没有被他们清楚地意识到），无疑会传染给孩子，无形之中，孩子也会产生对生活的厌倦之情。"一个真正自爱的母亲，不是通过压抑自己对生活的爱和向往，不是压抑自己的成长和创造性并让孩子感受到被爱是一种负担，她的爱是对自我和所有生命的肯定，是从内心深处流露出的对孩子成长的关心和促进。被一个自爱的母亲所爱，比被一个'无私'的母亲所爱更能使一个孩子感到幸福。"可见，要使孩子建立健全的人格，获得爱的能力，成人首先要学会自爱，健全自身的人格，主动体验生命的价值，养成积极的生活态度。总之，弗洛姆关于爱的思考，对我国当代的儿童教育依然有着深刻的借鉴意义。成长中的孩子既需要无私的母爱，也需要理性的父爱。因此，教育者既要培养孩子爱的能力，又要培养孩子理性的能力。只有自爱、人格健全的教育者，才能把孩子培养成弗洛姆所谓的人格健全的人。

（4）有助于我们审慎对待大众文化的影响

弗洛姆看问题总是保持清醒头脑，从来不被潮流和假象所迷惑。特别是对大众文化，从来不趋之若鹜、随波逐流。大众文化是借助大众传媒而流行于大众之中的通俗文化，如通俗小说、流行音乐、艺术广告、批量生产的艺术品等。这些文化因素渗透到人们的日常生活之中，深刻影响着人们的生活方式与行为习惯。比如，当代年轻人趋之若鹜的时尚生活方式，看起来追求的是与众不同的个性化发展，实际上却是依从外在权威、缺乏独立性的表现。可以批量生产、无限复制的大众文化，具有标准化和齐一化的特征，消解了艺术的创造性和个性；其消遣娱乐特征又消解了人们对现实的不满和内在的超越，使人失去思想，在平面化的文化模式中逃避现实，沉溺于无思想的享乐之中，并认同现实的社会生活。表面上，大众文化不具有强制性，但它对人的操控和统治更为深入。它融合了艺术、商业、政治、宗教与哲学，在休闲时间内操纵着人们的思想与心理，培植着维护现状的顺从意识。这种文化造就的是缺乏个性与创造性、试图逃避自由的人。因此，对于大众文化要进行辩证分析与适当引导。

附　录

年　谱

1900 年　3 月 23 日生于德国法兰克福市一个犹太人家庭，为家中独子。

1918 年　弗洛姆进入法兰克福歌德大学学习两学期法学。

1919 年　暑假后，弗洛姆进入海德堡大学学习社会学。

1922 年　从海德堡大学获哲学博士学位，次年至慕尼黑大学专攻精神分析学。

1925—1930 年　他在柏林精神分析学会接受精神分析训练完毕。

1926 年　他与弗瑞达·莱奇曼结婚，但这场婚姻仅维持了四年。

1928 年　弗洛姆进入德国著名的法兰克福大学精神分析社会学院学习深造并担任讲师。

1930 年　他开始临床实践，加入法兰克福社会观察学会。

1934 年　为逃避纳粹迫害逃到美国，进入纽约哥伦比亚大学。

1941 年　出版第一本书《逃避自由》。这本书既是社会政治的诠释又是哲学和心理学的基础。

1943 年　离开哥伦比亚后，他帮助组建华盛顿精神病学学校纽约分校。

1944 年　犹太裔美国人格伦成为弗洛姆第二任妻子。

1945 年　弗洛姆到怀特精神医学研究所任职，该所创办人怀特是美国著名精神医学家。

1947 年　出版《逃避自由》续集——《为自己的人》。这本书概述了弗洛姆人的本性理论中人的性格理论。

1950 年　弗洛姆搬到墨西哥城，在墨西哥国立自治大学任教授，并在那里的医学院建立精神分析部。

1953 年　他和爱丽丝·弗瑞曼结婚。这是弗洛姆的第三次婚姻。

1956 年　弗洛姆出版了《爱的艺术》，这是他最流行的著作。他在这著作中概括并补充了《逃避自由》和《为自己的人》及其他著作中的人性理论。

1962 年　从该年以后担任纽约大学文理学院心理学客座教授。

1965 年　退休后被聘为墨西哥国立大学荣誉教授。

1974 年　弗洛姆搬到瑞士。

1980 年　85 岁生日前五天死在家中。

主要著作

1.《逃避自由》 *Escape from Freedom* (1941)

2.《为自己的人》或《自我的追寻》 *Man for Himself* (1947)

3.《心理分析和宗教》 *Psychoanalysis and Religion* (1950)

4.《人心——他的善恶天性》 *The Heart of Man：Its Genius for Good and Evil* (1964)

5.《以往的语言》 *Forgotten Language；an Introduction to the Understanding of Dreams，Fairy Tales，and Myths* (1951)

6.《健全的社会》或《理性的挣扎》 *The Sane Society* (1955)

7.《爱之艺术》 *The Art of Loving* (1956)

8.《弗洛伊德的使命——他的人格和影响分析》 *Sigmund Freud's Mission；an Analysis of His Personality and Influence* (1959)

9.《心理分析和禅宗》 *Psychoanalysis and Zen Buddhism* (1960)

10.《人性会占优势吗?》 *May Man Prevail? An Inquiry into the Facts and Fictions of Foreign Policy* (1961)

11.《马克思论人》 *Marx's Concept of Man* (1961)

12.《在幻想锁链的彼岸——我所理解的马克思和弗洛伊德》 *Beyond*

the Chains of Illusion: My Encounter with Marx and Freud (1962)

13.《基督教义分析》 *The Dogma of Christ and Other Essays on Religion, Psychology and Culture* (1963)

14.《社会主义的人道主义》 *Socialist Humanism* (1965)

15.《你应像神》 *You Shall Be as Gods* (1966)

16. 《希望的革命——通向人性化的技术》 *The Revolution of Hope, Toward a Humanized Technology* (1968)

17.《人的本性》 *The Nature of Man* (1968)

18.《心理分析的危机》 *The Crisis of Psychoanalysis* (1970)

19.《一个墨西哥村落的社会性格——一项社会心理分析研究》 *Social Character in a Mexican Village; a Sociopsychoanalytic Study* (*Fromm & Maccoby*) (1970)

20. 《人类的破坏性的剖析》 *The Anatomy of Human Destructivenessc* (1973)

21.《占有还是生存》 *To Have or to Be* (1976)

22. 《弗洛伊德思想的贡献与局限》 *Greatness and Limitation of Freud's Thought* (1979)

23.《关于不服从》 *On Disobedience and other Essays* (1984)

24.《生存的艺术》 *The Art of Being* (1993) （死后由 Rainer Funk 整理发表）